UM SONHO

Ciência e tecnologia
como fontes de
desenvolvimento

HERNAN
CHAIMOVICH
GURALNIK

© Hernan Chaimovich Guralnik, 2025
Todos os direitos desta edição reservados à Editora Labrador.

Coordenação editorial PAMELA J. OLIVEIRA
Assistência editorial LETICIA OLIVEIRA, VANESSA NAGAYOSHI
Projeto gráfico AMANDA CHAGAS
Capa ALBERT TRULLS, FELIPE ROSA
Diagramação VINICIUS TORQUATO
Preparação de texto LÍVIA LISBÔA
Revisão MARÍLIA COURBASSIER PARIS
Consultoria editorial HEIDI STRECKER

Dados Internacionais de Catalogação na Publicação (CIP)
Jéssica de Oliveira Molinari - CRB-8/9852

GURALNIK, HERNAN CHAIMOVICH
  Um sonho : ciência e tecnologia como fontes de desenvolvimento / Hernan Chaimovich Guralnik
  São Paulo : Labrador, 2025.
  192 p.

  ISBN 978-65-5625-830-0

  1. Ciência – Brasil 2. Tecnologia - Brasil 3. Guralnik, Hernan Chaimovich - Narrativas pessoais 4. Cientistas – Autobiografia I. Título

25-0727   CDD 509.81

Índice para catálogo sistemático:
1. Ciência e tecnologia - Brasil

Labrador
Diretor-geral DANIEL PINSKY
Rua Dr. José Elias, 520, sala 1
Alto da Lapa | 05083-030 | São Paulo | SP
contato@editoralabrador.com.br | (11) 3641-7446
editoralabrador.com.br

A reprodução de qualquer parte desta obra é ilegal e configura uma apropriação indevida dos direitos intelectuais e patrimoniais do autor. A editora não é responsável pelo conteúdo deste livro. O autor conhece os fatos narrados, pelos quais é responsável, assim como se responsabiliza pelos juízos emitidos.

Dedico este livro àqueles que desde o início
me formaram, Sonia e Salo, meus pais.
A meus mestres que moldaram o cientista,
Cori, Luxoro, Bunton e Westheimer.
A Iolanda, que há décadas me acompanha
em mais de um sentido.
A meus filhos, Felipe, Marcos e Mariana, que
tanto admiro e que tentam me corrigir.

*Si extraje las mieles o la hiel de las cosas,
fué porque en ellas puse hiel o mieles sabrosas:
cuando planté rosales, coseché siempre rosas.*

Amado Nervo

UM CIENTISTA POR EXCELÊNCIA
GLENDA MEZAROBBA

Ao longo de cerca de seis décadas de atuação profissional nas áreas de ensino e pesquisa, pode-se dizer, sem risco de exagerar, que Hernan Chaimovich construiu uma trajetória marcada pela devoção à ciência e à educação. Reflexo dessa jornada, neste livro ele recorda alguns dos muitos desafios enfrentados, compartilha reminiscências, fala de esperança e de gratidão. Ao tratar do que verdadeiramente constitui o sonho de uma vida — como pode constatar quem tenha tido o privilégio de trabalhar com ele —, o filho de um químico farmacêutico chileno e de uma dona de casa russa que, na maturidade, se tornaria escritora, nos convida a uma viagem introspectiva, na qual revisita momentos significativos de sua carreira e de sua vida pessoal.

O livro divide-se em duas partes. A jornada principia na infância em Santiago, entre a Cordilheira dos Andes e o Oceano Pacífico, inclui lembranças paulistanas de uma sessão de psicodrama que evidencia sua crença na educação, ciência e tecnologia como pilares para o desenvolvimento da América Latina e culmina com sua atuação em diferentes instituições de ensino e pesquisa, no Brasil e no exterior. Em certa medida, acompanha o desenvolvimento da ciência no país e dialoga com grandes questões postas à comunidade científica internacional, como o debate em torno do movimento anticiência — que ele recorda não ser recente, com retórica muitas vezes alimentada por empresas, "como demonstrado na negação, durante décadas, dos malefícios do tabaco pela indústria do cigarro", e desenvolvido por usuários de "produtos ou serviços que decorrem de descobertas científicas como o telefone celular".

Chaimovich ganhou seu primeiro microscópio aos 8 anos e, embora não compreendesse a língua, foram livros de ciência para crianças, publicados em alemão, que o conduziram aos experimentos iniciais, em biologia e química. As possibilidades vislumbradas no laboratório farmacêutico do pai, sobras de alimentos fermentados e insetos de jardim fizeram sua parte e em pouco tempo o menino já estava produzindo... explosivos! Criança em uma família judia marcada pelo medo do extermínio que pairava sobre os adultos, algumas de suas brincadeiras refletiam a violência do período. "Meus brinquedos na época eram relacionados à guerra, e eu matava incessantemente, em minha jovem imaginação, zilhões de soldados nazistas", escreve. No livro estão também as marcas deixadas pela ditadura do general Augusto Pinochet (1915-2006), especialmente o fuzilamento de Carlos Berger (1943-1973), primo alguns anos mais novo que ousou desafiar as arbitrariedades do então nascente governo militar chileno.

A trajetória acadêmica do hoje professor emérito do Instituto de Química da Universidade de São Paulo (IQ-USP) começou com o ingresso em um curso de Farmácia, que desistiu de concluir depois de descobrir o então recém-criado curso de Bioquímica. Graduado em 1962, aos 22 anos, pela Universidade do Chile, Chaimovich logo se mudou para os Estados Unidos, onde fez estágios na Universidade da Califórnia, em Santa Bárbara, e em Harvard. Sobre a experiência no campus de Massachussetts, declarou, em 2012, para a revista *Pesquisa Fapesp*: "[...] o departamento de química era conhecido por ter um número de suicídios acima da média e um prêmio Nobel por andar. Era um grupo muito competitivo e eu não estava acostumado com esse nível de competição. Peguei um problema muito complicado e quase não consigo resolver. Os primeiros seis meses foram muito difíceis. Tudo melhorou quando dei meu primeiro seminário para o departamento. Escolhi um tema mais complicado ainda, que me obriguei a dominar a tempo, e dei um seminário que tinha três prêmios Nobel sentados na minha frente. Nos primeiros quinze segundos pensei que fosse desmaiar. Depois me soltei. A partir daí fui aceito como igual pelos pós-doutores que tinham que trabalhar sábado e domingo para produzir — a outra opção era ser cuspido do sistema. Saí de lá com um bom *paper*, citado até hoje".

Algum tempo depois, casado com uma brasileira e decidido a viver no país, Chaimovich aceitou a oferta de uma bolsa da Fundação de Amparo à Pesquisa do Estado de São Paulo (Fapesp), para trabalhar no Departamento de Fisiologia da Faculdade de Medicina da Universidade de São Paulo (FMUSP). Não demorou para se tornar uma liderança do Programa Bioq-Fapesp e transferir-se para o IQ onde, além de contribuir para fundar a pós-graduação, obteve os títulos de doutor e livre-docente. No instituto, desenvolveu diversas linhas de pesquisa na área de cinética, ao estudar reações químicas tomando por base a velocidade em que acontecem, e inovou. A criatividade na descoberta de novos métodos de purificação de enzimas, por exemplo, "foi imposta pelo medo de continuar a usar soluções contendo cianeto, que pode gerar o mortal ácido cianídrico na sala fechada com baixa temperatura", relata, no livro.

No Brasil, o interesse por política, iniciado nos tempos de colégio e aprofundado na realidade vivida nos anos de Salvador Allende (1908-1973), passou a incluir política científica e tecnológica. Sua atuação como diretor da Associação dos Docentes da USP (Adusp), chefe de departamento, pró-reitor de Pesquisa da USP, vice-presidente da Academia Brasileira de Ciências (ABC), diretor do International Council for Science (ICSU), assessor científico da Fapesp e presidente do Conselho Nacional de Desenvolvimento Científico e Tecnológico (CNPq) compõe algumas das mais instigantes histórias de *Um sonho: ciência e tecnologia como fontes de desenvolvimento*. Em uma delas, Chaimovich conta como conseguiu evitar, em 2004, que a mais antiga academia de ciências das Américas fosse excluída de um foro científico destinado a assessorar a Organização dos Estados Americanos (OEA). Na segunda parte do livro, esse e outros relatos constituem exemplos concretos do que mais recentemente se convencionou chamar de diplomacia científica. Narrados por um cientista de personalidade intensa, que não se reconhece humilde e admite o sarcasmo, tais episódios adquirem um contorno especial, que facilita o entendimento do conceito de diplomacia científica e permite a compreensão do que é e para que serve uma política científica e em que constitui a ideia de internacionalização da ciência.

Há muito a apreender com a leitura da obra. Dela poderá se beneficiar inclusive quem não está familiarizado com o universo científico. Redigido de forma acessível por um entusiasta da divulgação científica, no livro, Chaimovich explica, por exemplo, que a noção de pesquisa e desenvolvimento (P&D) compreende três dimensões: a da pesquisa básica, envolvendo a criação de novos conhecimentos sem pretender, necessariamente, uma aplicação específica; a da pesquisa aplicada, com a criação de novos conhecimentos para atender a um objetivo prático específico e à dimensão do desenvolvimento experimental, de novos produtos ou processos. E lembra, bem a seu estilo, que "a ciência fundamental, seu fazer e sua prática, torna as pessoas mais inteligentes e gera ideias que geram novas ideias, em qualquer campo, fundamental ou aplicado." "Por outro lado", escreve: "se o objetivo da pesquisa básica é compreender e o da pesquisa aplicada é usar, existe, na visão linear, tensão e distância entre as duas". Daí sua sugestão de adoção de novos termos, como "investigação programática" e "pesquisa não comprometida" — "pois não há uma distinção suficientemente clara entre um programa de pesquisa que visa a um objetivo específico e uma exploração não comprometida que tenta entender uma vasta área da ignorância do homem", avalia.

Ao aprofundar-se no tema, Chaimovich nos lembra das evidências indicando que países e empresas que mantêm e/ou aumentam seus investimentos em CT&I saem de períodos de crise econômica mais rapidamente e fortalecidos. De forma didática, lista os critérios aos quais uma atividade deve atender, para ser classificada como P&D, e avança na reflexão sobre impacto, um de seus temas preferidos, nos últimos anos. "Tanto a investigação programática quanto a não comprometida podem ser avaliadas pelo impacto intelectual, social ou econômico que produzem. Para mim, impacto tem, pelo menos, duas dimensões distintas, mas conectadas pelos seus resultados: impacto científico e impacto social. Por sua vez, duas características podem ser apontadas nas duas dimensões. O impacto científico trata da geração de ideias que geram novas ideias e, também, da formação de pessoas treinadas para formular novas ideias. O impacto social trata de formular relevos que auxiliem a formulação de políticas públicas baseadas em evidências, bem como elementos que permitam o desenvolvimento econômico sustentável e socialmente justo", escreve vinte anos depois de, em um artigo sobre biossegurança, alertar sobre a urgência da academia se preparar porque "alguma pandemia viral se aproximava". Curiosamente, o artigo publicado em 2005 não causou, em suas próprias palavras, "maior impacto".

Na opinião de Chaimovich, os resultados das várias dimensões e características estão interconectados e é imperativo que sejam produzidos com excelência, especialmente quando financiados com recursos públicos. "Não se deve esperar, portanto, que cada cientista formule, além de excelentes ideias, o caminho para a aplicação ou para a criação de uma política pública. A interlocução entre as partes é, claramente, uma responsabilidade sistêmica e não individual". Consciente de que universidades de classe mundial inserem o país competitivamente, o cientista acredita que tais instituições devem ser estimuladas a planejar ações eficazes. Ou seja, ações "que descrevam metas, custos adicionais e métricas de desempenho e avaliação. Tais ações devem aumentar o impacto científico, social e econômico da instituição, segundo padrões internacionais, e não podem limitar-se a aumentar a infraestrutura de pesquisa", defende.

Ao analisar o caminho percorrido, "fazendo ciência e política ao mesmo tempo", Chaimovich se reconhece preocupado com o impacto de seu próprio fazer. "Tenho consciência de que as minhas descobertas foram incrementais, que a ciência que criei não revolucionou o mundo, mas os tijolos que fiz podem se incorporar ao monumental prédio do conhecimento, sempre em construção. Sinto-me orgulhoso, sim, das mulheres e dos homens que sob a minha orientação se formaram como mestres ou doutores, são pessoas criativas e que de alguma forma transmitem algo de mim", reflete o mestre de gerações para, em seguida, sublinhar algumas virtudes desejáveis à empreitada: "Até hoje digo aos meus alunos que ser um cientista, especialmente em um país subdesenvolvido, significa que você tem de acreditar que suas contribuições podem levá-lo a ganhar o Prêmio Nobel; e que você também deve ter coragem interna para não conseguir chegar lá".

Opositor "frontal" à ideia de eleição para escolha de reitor em universidades de pesquisa, designação que passou a utilizar quando esteve na pró-reitoria da USP (1997-2001) — "não é assim nas melhores universidades do mundo e não tem por que ser assim no Brasil" —, o defensor da autonomia universitária não foge, no livro, de temas muitas vezes considerados delicados por seus pares. "Como entidades autônomas, as universidades neste continente foram refúgio de perseguidos políticos, palcos de lutas político-partidárias e centros de contestação a regimes totalitários. Desde a revolta de Córdoba na Argentina, em 1917, e o ressurgimento do movimento estudantil combativo, a eleição paritária de lideranças acadêmicas constitui um tema de debate e de divisão interna", reconhece. Para ele, "as universidades devem ser livres para buscar o conhecimento e a verdade sem medo de pressão política, censura ou interferência". Tal liberdade deve se estender para além das funções de ensino e incluir as atividades de pesquisa. "As universidades devem ter o direito de se autogovernar. Isso inclui o direito de estabelecer suas próprias políticas e procedimentos, escolher seus próprios líderes e administrar seus próprios negócios".

Permeado por episódios que revelam a riqueza de sua existência, *Um Sonho* é mais do que o relato autobiográfico de um autodenominado servidor público. Trata-se do testemunho da capacidade e da determinação de um cientista brasileiro que não vê possibilidade de construção de "uma sociedade mais justa e socialmente desenvolvida" que não passe pela "ciência fundamental autóctone, educação científica e desenvolvimento tecnológico em empresas nacionais". "Só o que sabemos", anota Chaimovich, "é que, para mitigar o dano já feito em nosso planeta, para criar melhores condições de vida, para diminuir a fome, a sede e a iniquidade que nos rodeia, só temos a ciência já feita, e muita ciência a fazer". Trata-se também de um ato de fé de um cientista latino-americano que, apesar das adversidades, nunca perdeu a esperança de ver a região ocupar "seu devido lugar" no cenário global. "A ciência não moveu a América Latina com a rapidez que eu desejava. No entanto, também posso atestar a importância do trabalho coletivo dos cientistas para nossas sociedades", escreve, para emendar: "Ainda acredito, consciente de que a tarefa é árdua e de que muitas forças continuam a se opor a essa mudança de posição, que em algum futuro distante a América Latina possa assumir a sua devida importância neste planeta, por meio do ensino da ciência e da tecnologia".

Se dúvidas havia, a leitura do livro mostra que só as nações que dominam a criação e a aplicação do conhecimento conseguem prosperar e melhorar as condições de vida de seu povo. E que isso passa por instituições de ensino e pesquisa de excelência. "É nessa universidade, que pesquisa, que forma seres humanos autônomos, que permanece em contato com a sociedade, que eu gostaria de renovar o meu contrato de vida, se tivesse uma segunda". Ao término de *Um sonho: ciência e tecnologia como fontes de desenvolvimento*, é impossível não reconhecer que a primeira vida de Chaimovich tem sido emocionante. O sentimento de gratidão, que por sua existência o cientista expressa ao final da obra, é ainda mais nosso.

UM PESQUISADOR LATINO-AMERICANO
FELIPE CHAIMOVICH

Neste livro esclarecedor e franco, o cientista Hernan Chaimovich revisita sua trajetória política como pesquisador latino-americano inserido na universidade pública. Nascido no Chile e emigrado para o Brasil, o autor narra a construção do próprio sonho de juventude como estudante que pretendia mudar a condição de subdesenvolvimento da América Latina por meio da ciência e tecnologia. Ao aproximar-se gradativamente de posições de poder no sistema acadêmico nacional e internacional, desde a chefia do departamento de bioquímica na Universidade de São Paulo (USP) até a presidência do Conselho Nacional de Pesquisa Científica e Tecnológica (CNPq), ele se depara com a realidade que se impõe, entre vitórias e derrotas.

A recusa a se acomodar perante a roda da fortuna latino-americana leva Hernan Chaimovich a uma revisão de toda sua vida. O autor narra a trajetória dos avós e dos pais, imigrantes judeus chegados da Ucrânia à América do Sul, sua experiência como primeira geração nascida no Chile, a descoberta apaixonada da bioquímica e o desabrochar de uma vida profissional inseparável do próprio ímpeto de atuar no sistema gerador do conhecimento de ponta.

O autor reflete sobre os dilemas vividos na universidade pública brasileira e na política de desenvolvimento científico e tecnológico do país nos últimos cinquenta anos. O pano de fundo de seu pensamento são as mudanças nas fronteiras do conhecimento e nas relações geopolíticas, com resultados concretos, como ter fundado a Rede Interamericana de Academias de Ciências. A cada passo, o sonho convive com a vigília, num testemunho de integridade entre o desejar e o agir.

SUMÁRIO

Ao leitor — 19

PARTE I

O começo de tudo — 25
Dois avôs e a família — 28
Uma tragédia familiar — 33
As primeiras letras e o colégio — 38
Um jovem universitário — 40
Estabelecendo uma família — 45
Santa Bárbara e Harvard — 48
De volta ao Chile — 52
Brasil, meu Brasil brasileiro — 54
Altos e baixos — 58
Na Universidade de São Paulo, enfim — 60
Viagens a trabalho? Não é só trabalho! — 61
Aposentadoria — 62

PARTE II

Compromisso político — 69
Chefe de departamento (1984–1988) — 72
Um novo curso de graduação — 79
Pró-reitor de Pesquisa da USP — 81
Uma pequena pausa e novos desafios — 83

Política científica, uma definição	87
Ciência e tecnologia	91
Um conto de fadas bem perverso	95
Uma visão pessoal da Fapesp	102
As bases legislativas da Fapesp e as finalidades da pesquisa científica	106
Conselho Nacional de Pesquisa Científica e Tecnológica (CNPq)	126
Divulgação científica	134
Ensino superior	140
Sobre universidades	144
Minha universidade ideal	147
Universidades de pesquisa	151
Ciência e anticiência	155
Um exemplo de boicote contra a liberdade da internacionalização da ciência	159
Organização das Nações Unidas para a Educação, Ciência e Cultura (Unesco)	164
Como se desenvolveu a comunidade científica no Brasil	178
Rede interamericana de academias de ciência	184
Uma palavra final	187
Índice onomástico	189

AO LEITOR

Este livro é o resultado de um esforço para reunir e categorizar artigos e outros escritos produzidos ao longo de décadas de atuação acadêmica e de política científica[1]. Esse processo começou há alguns anos, mais precisamente em 2022, quando a minha filha Mariana, ligeiramente cansada de ler e corrigir os escritos que eu enviava com certa frequência para ela, me propôs o seguinte:

— Pai, por que, em vez de escrever mil artigos, você não se organiza para fazer um livro?

Lançado o desafio, comecei a planejar o conteúdo desta obra. Cogitei então — para evitar o difícil processo de pensar, analisar e criticar o que já fiz — simplesmente juntar artigos, ordená-los por temas gerais e escrever apenas algumas páginas introdutórias. Claro que não deu certo.

Fizemos então algo diferente: primeiro, estruturamos o esqueleto da obra, organizada nos capítulos que agora compõem este livro. Depois, fiquei responsável por selecionar o trabalho dos últimos anos, agrupando-os por temas, que seriam, então, abordados aqui. Essa experiência teve, como resultado, um mergulho aprofundado — com o perdão da figura de linguagem, mas aproveitando a liberdade poética que me é facultada — na vida e em parte da produção deste não tão humilde cientista que vos fala.

Assim, os leitores poderão apreciar, se se derem ao trabalho de ler o que aqui escrevo, parte da história de minha vida e de

---

[1] A Plataforma Lattes, do Conselho Nacional de Desenvolvimento Científico e Tecnológico (CNPq), reúne informações dos pesquisadores, incluindo a sua produção intelectual. Os meus dados, que incluem artigos científicos publicados em revistas especializadas, bem como outras contribuições, estão disponíveis em: http://lattes.cnpq.br/7280488093349214. Última atualização: 4 de dezembro de 2024. Acessado em: 9 dez. 2024.

quem sou, através de uma reflexão baseada em artigos que escrevi sobre universidade, ciência, tecnologia e divulgação. Algumas partes dessa trajetória, embora tenham sido vividas simultaneamente, aparecem separadas, pois dizem respeito a aspectos distintos de meu fazer.

A certa altura da escrita deste livro, dei-me conta da dificuldade de selecionar elementos que, sem constituir uma autobiografia, ajudassem a entender as minhas fontes de inspiração. Optei por respeitar meu tempo, escolhendo episódios que me marcaram. É óbvio, porém, que, na minha idade, olhar para trás certamente confunde as marcas da época com a minha perspectiva atual sobre o que já se passou. Mas, como não tenho outros registros que não os meus próprios sentimentos atuais, restou-me prosseguir por este caminho.

Uma palavra, ainda, sobre o título da obra; vou contar um pequeno episódio que me marcou: alguns meses depois da minha chegada ao Brasil, entrei numa angústia/depressão aguda. Essa situação insuportável foi provavelmente determinada por elementos distintos, mas é impossível, depois de mais de meio século, recuperar suas condicionantes. Lembro, sim, que meu estado era desesperador e que procurei ajuda num grupo de psicodrama. Recupero esta lembrança para descrever uma única sessão que, de certa forma, resume a minha ingênua e ainda presente crença. A cena incluía a psicoterapeuta assistente, deitada no chão (representando a América Latina) e eu (no papel da educação, da ciência e da tecnologia), que tentava levantá-la. É claro que não consegui e, quando parecia que ia alcançar o objetivo, os membros do grupo tornavam a minha tentativa impossível. De alguma forma, essa cena resume a minha esperança de que este continente abandone a sua posição de ator menor no mundo. Ainda acredito — consciente de que a tarefa é árdua e de que muitas forças continuam a se opor a essa mudança de posição — que, em algum futuro distante, a América Latina possa assumir a sua devida importância neste planeta, por meio do ensino da ciência e da tecnologia.

O conjunto das minhas experiências e a minha ingenuidade de acreditar que posso contribuir para mudar algo, via ciência e política científica, também me levam, até hoje, a me expressar, publicando artigos sobre esses temas em diversos meios de comunicação.

Neste livro, reflito sobre alguns dos temas que formam o cerne das minhas preocupações, ainda na esperança de ter algum impacto nas mudanças necessárias para que este continente abandone a posição de ser gigante no futuro e consiga, ao menos, diminuir a sua já eterna iniquidade.

PARTE I

O COMEÇO DE TUDO

Nasci em Santiago, no Chile, em 1939, pouco menos de um mês antes do começo da Segunda Guerra Mundial. Os dois eventos, o lugar e o ano em que nasci, certamente me marcaram.

Santiago está situada entre a cordilheira e o mar. A cordilheira, lá no alto, entre os picos nevados, é grandiosa, sólida e silenciosa. Na adolescência, após esquiar na montanha, sentava-me, à noite, num silêncio profundo, a contemplar um céu límpido, no terraço da casa do clube onde dormíamos. Com menos de um ano conheci o mar gelado, turbulento e com cheiro forte, no mesmo paralelo de Santiago, nas praias onde passava alguns meses, anualmente, até sair do Chile.

Viver a infância e a adolescência entre o silêncio e a força dura da montanha e o barulho líquido e perfumado do Pacífico me ensinou a conviver com um universo contraditório, aproveitando os extremos.

Vivi a Segunda Guerra Mundial de longe, mas fui condicionado, na primeira infância, pelas notícias, pelo medo do extermínio que pairava entre os adultos de uma família judia e pelos muitos brinquedos que, de certo modo, decorriam da guerra. Lembro-me de um tanque de latão, movido a corda, que lançava faíscas quando se movia, e de um rifle de brinquedo, meu preferido. Lembro de estar com o meu avô, na sinagoga, quando os adultos rezavam pela paz, pedindo o fim da guerra. Essa parte da minha infância também me marcou, condicionando uma face escura e violenta que me acompanha.

Tínhamos consciência, desde o início dos anos 1940, da existência de campos de extermínio. Esse conhecimento era tão predominante que, mesmo vivendo no "fim do mundo", ou Santiago do Chile, eu, desde muito jovem, estava ciente do Holocausto. Na sinagoga, também me lembro de muitas orações por aqueles que se transformaram em fumaça, bem como pelo fim da guerra. Logo após abril de 1945, as primeiras fotos dos campos de extermínio começaram a aparecer em uma revista publicada pelo Escritório de Assuntos Interamericanos dos Estados Unidos, *En Guardia*. Essas fotos certamente deveriam ter sido proibidas para crianças de cinco anos, mas, na sala de espera de Marcos Chaimovich (1904-1992), meu tio médico, não havia censores.

Não pretendo, aqui, evocar os sentimentos de ver as pilhas de dentaduras, a quantidade de obturações dentárias douradas, a montanha de óculos, as dimensões dos montes de cabelos, os corpos emaciados ou a complexidade do horror retratado na *En Guardia*. Muitos escritores, historiadores, cineastas, entre outros, mostraram e se referiram a esses fatos com maestria. Lembro-me claramente dos meus sentimentos contraditórios de raiva, pelos que morreram sem conseguirem matar seus algozes, e de frustração, por não ter idade suficiente para aniquilar os nazistas. Meus brinquedos na época eram relacionados à guerra, e eu matava, incessantemente, em minha jovem imaginação, zilhões de soldados nazistas. Minha raiva e desejo de matá-los, naquele tempo, provavelmente determinaram parte da minha personalidade. Meu compromisso de luta contra a perseguição de pessoas por causa de sua fé, raça, religião ou nacionalidade, que aparece em parte dos meus escritos, deve ter origem nesse contexto.

Durante a minha infância e adolescência fui incorporando valores que, com pouca teoria, eram vividos por uma extensa família judia. As canções que a minha mãe cantava em ídiche, traduzidas bem mais tarde, parece que penetravam no inconsciente, trazendo heranças que passam de geração a geração. Descobrir quais valores são, na verdade, universais e quais nascem — ou são próprios — da cultura judaica é uma pergunta densa que aqui não cabe. Como tampouco me é possível distinguir os valores culturais daqueles que vêm determinados pela nossa biologia e evolução. Sei que a tensão entre me levar a sério e a leveza de rir de mim mesmo acompanham-me desde sempre. A empatia, o amor ao próximo e ao "outro" me caracterizam. Como também são parte de mim o amor à justiça e à liberdade e, ao mesmo tempo, um forte espírito crítico — e, muitas vezes, o sarcasmo.

DOIS AVÔS E A FAMÍLIA

Minha família era grande e apaixonada. Um dos meus avôs, judeu ortodoxo, intelectual e conservador, fugiu dos pogroms na Ucrânia, e dos comunistas, depois de 1922. Ele nunca se sentiu totalmente à vontade na sociedade chilena. Com ele, os principais temas de diálogo eram religião e política mundial. Meu outro avô, paterno, deixou a Rússia antes da Primeira Guerra Mundial e estava tão integrado na sociedade chilena quanto seu sotaque permitia. Ele estava sempre pronto para um bom uísque e fofocas amigáveis. Claro que meus avós não se gostavam.

O meu avô paterno, Isaac Chaimovich (1879-1965) emigrou da Rússia para Argentina e, depois, para o Chile, no fim do século XIX. Como muitos emigrantes, trabalhou sem parar até abrir um negócio ao sul da capital, na cidade de Rancágua. Casado com Catalina Srulevich, teve dois filhos: meu pai, Salomón (1907-1988) e meu tio Marcos. Nunca conversei com meu avô Isaac sobre o passado, e me arrependo, pois essa história, que tanto gostaria de entender, se perdeu para sempre. Estou consciente dessa lacuna no conhecimento do passado da família, e hoje faço questão de me mostrar para as minhas netas. Algumas histórias do passado do meu avô paterno, porém, apareceram durante a minha juventude e, de certa forma, determinaram parte da minha vida. Uma delas trata do esforço que meu avô fez para trazer a família da Rússia para o Chile, já no começo do século XX. E a família era enorme; nessa época, a minha bisavó era viva e morava na Rússia, com os oito filhos.

Diz a minha memória, ou as lendas da família, que dois irmãos emigraram para o Chile e logo depois houve um terremoto (quiçá o de 1906) que destruiu Valparaíso e causou milhares de mortes. Temendo viver num país com terremotos, os dois irmãos saíram às pressas do Chile e foram se estabelecer no Rio de Janeiro, para onde trouxeram o restante da família, da gelada e antissemita Rússia. O resultado dessa lembrança, ou lenda, é que eu tenho muito mais família, por parte do meu pai, no Brasil, do que no Chile. Data de uma foto de meu pai visitando o Rio, em 1936, a minha fascinação com o Brasil — que visitei, pela primeira vez, em 1959. E, como esperado, para um jovem estudante chegando ao Rio, as memórias desse primeiro encontro com o Brasil deixaram marcas para sempre.

Fui recebido por Marcos Jaimovich, um primo-irmão do meu pai, brilhante arquiteto que trabalhava com Oscar Niemeyer, que vim a conhecer mais tarde (de alguma forma, os Chaimovich do Chile são Jaimovich, no Brasil). Marcos Jaimovich (1921-2009) era casado com uma encantadora mulher; tinha, na época, duas filhas gêmeas, e militava no Partido Comunista (PC). Os longos papos com Marcos se arrastaram durante décadas, inclusive quando, depois de se exilar, retornou ao Brasil por uma temporada, arriscando a vida (pois sua cabeça tinha um preço, na ditadura). Essas conversas com Marcos, sem que eu militasse no PC, contribuíram para a posição política progressista que me acompanha até hoje. Mas não somente de política vive o homem.

Numa das viagens ao Brasil, que já eram meio regulares, conheci uma amiga de uma prima brasileira, que veio a ser a minha primeira esposa, algum tempo depois. Casei-me com Vera, no Brasil, em 1965, e até hoje mantemos relações de carinho e amizade, depois de termos tido dois filhos maravilhosos. Como se pode apreciar, a minha vinda ao Brasil não se deu por acaso, sendo determinada por uma série de fatores somados, ou multiplicados.

A história do meu avô materno, Leon Guralnik (1882-1965), sua mulher, Dora Fliman, e seus filhos Jaime, Sonia (1919-2006) e Dora (1924-1980) não podia ser mais contrastante. Meu avô emigrou da Ucrânia para o Chile, com meu tio Jaime, perto de 1925. Minha mãe Sonia, tia Dora e minha avó materna chegaram ao Chile em 1930, recebidas na estação de trens pelo meu avô Leon e o tio Jaime.

As histórias de cada um dos membros dessa parte da minha família também dariam um romance! Na verdade, parte desse romance foi publicado pela minha mãe, que, a partir dos seus sessenta anos, transformou-se (como comentou, em algum momento, um jornal literário dos Estados Unidos) numa jovem escritora judia e feminista. Sonia Guralnik publicou uma série de contos e livros nos quais, usando uma linguagem ímpar, resgatou elementos da história familiar.

Assim como aconteceu com o meu avô Isaac, jamais estabeleci um diálogo com Leon Guralnik — e me arrependo disso até hoje. Meu avô materno era um homem de profunda cultura, como me dei conta nas poucas ocasiões em que conversamos. Porém, os meus preconceitos juvenis contra os costumes de um religioso judeu sempre me impediram de estabelecer uma relação mais íntima.

Hoje ainda me espanta e me admira a coragem dos imigrantes da geração dos meus avós que, fugindo de perseguições, saíam da Rússia ou da Ucrânia sem falar mais que russo ou ídiche, atravessavam mares na terceira classe de navios pouco seguros, arribavam a portos onde ninguém falava a sua língua, sobreviveram e ainda foram parte da cultura nacional nos países onde, de alguma forma, prosperaram. Passados mais de cinquenta anos da morte dos meus avôs, em 1965, só posso lamentar não ter me interessado pela história do Isaac Chaimovich e muito menos aprendido com a cultura profunda do Leon Guralnik.

Meu pai foi um químico farmacêutico que gostava da vida, com um entusiasmo superlativo. Sua alegria explosiva fazia com que as festas começassem quando ele chegava. Não creio haver conhecido uma pessoa tão isenta de preconceitos como ele, lembrando bem dele, sentado na porta do seu laboratório farmacêutico, tomando café com a comissão que decidira invadir a fábrica no tempo do Allende. Salomón era tão querido que eu, aproveitando de seus conhecidos, nunca tive de fazer fila para coisa alguma: bastava dizer que era o filho do Don Salo.

Sonia, minha mãe, foi, durante muito tempo, uma intelectual frustrada; pois querendo entrar na universidade e estudar letras, antes de se casar, foi obrigada, pela cultura da época e pelo meu pai, a assumir somente os papéis de esposa, mãe e dona de casa. Com tempo, virou uma Master Chef, e toda a família, inclusive eu, claro, se aproveitava disso. Casada aos dezenove anos, publicou seu primeiro livro de contos quarenta anos depois, quiçá coincidindo com as primeiras evidências da doença do meu pai. Minha mãe continuou escrevendo e publicando livros até morrer. O título de um de seus últimos romances, *Para Siempre en mi Memoria*[2], representa, também, a presença constante de Sonia em meu pensamento. O dia em que Sonia recebeu uma nova cédula de identidade, onde constava, como profissão, escritora, e aquele no qual recebeu um convite para dar uma Conferência na Unversidad de Chile foram eventos marcantes para que a minha mãe assumisse a sua condição, tanto tempo perseguida, de intelectual orgânica.

Tenho duas irmãs mais novas, Eliana e Claudia. Eliana é quatro anos mais nova que eu, e Claudia nasceu oito anos depois de mim. O amor que sinto por elas é imenso e, ao mesmo tempo, é claro que as relações mais intensas vieram a acontecer mais tarde, apesar de eu estar já longe do Chile.

Um dos meus tios, o Marcos, um médico otorrinolaringologista, era também um exímio pianista amador e dançarino, e sabia tudo sobre casas noturnas. Politicamente, meu tio Marcos era um direitista convicto e, muitas vezes, as discussões

---

2   Na contracapa, pode-se ler que "*Sonia Guralnik reconstruye las vidas anónimas de aquellos que, como su família, debieron abandonar los territórios europeos sacudidos por las persecuciones antisemitas de princípios de siglo*" (Em tradução livre: "Sonia Guralnik reconstrói a vida anônima daqueles que, como sua família, tiveram que abandonar os territórios europeus abalados pelas perseguições antissemitas no início do século").

nos almoços de sábado se tornavam azedas. A irmã da minha mãe, tia Dora, era comunista — dizem que "desde nascença"; fiel ao Partido Comunista (PC) até sua morte prematura. Os almoços de família na casa dos meus pais eram eventos animados, com comida excelente e debates políticos emocionantes. As influências familiares, por mais contraditórias que fossem, me mantiveram acostumado a ver várias interpretações de eventos isolados e me introduziram na dialética. O fim dos almoços de família, com o advento da ditadura de Pinochet, refletiu as raízes da divisão na população chilena que permanecem até hoje, não apenas na sociedade como um todo, mas na minha família em particular.

Meu primo-irmão Carlos Berger (1943-1973), filho de minha tia Dora, foi assassinado pela caravana da morte[3], um percurso de militares assassinos que fuzilaram centenas de presos políticos do sul ao norte do Chile, em outubro de 1973. Essa tragédia familiar, que nos marcou para sempre, contribuiu, também, para impedir a continuação dos almoços familiares na casa de meus pais. Pelo peso da morte do Carlos é mister relatar esse episódio com alguns detalhes.

---

3   Verdugo P. *Los Zarpazos del Puma. La Caravana de la Muerte.* Santiago, Chile: Editorial Catalonia; 2013. Há uma tradução em português intitulada *A Caravana da Morte*. Rio de Janeiro, RJ: Editora Revan; 2008.

UMA TRAGÉDIA FAMILIAR

Carlos Berger Guralnik tinha trinta anos quando morreu[4]. Nascido em junho de 1943, faleceu na flor da idade, em 19 de outubro de 1973, e só pôde ninar seu filho Germán por oito meses. Essa notícia fúnebre poderia ser interpretada como mera dor pela morte precoce de um jovem e amoroso companheiro, advogado, radialista e pai recente. Certamente, o luto dos familiares seria pesado, a dor levaria algum tempo para passar e, durante o velório e o enterro, os parentes, amigos do casal e colegas de trabalho estariam juntos para dar força à viúva. A morte do meu primo Carlos, contudo, não foi acidental nem causada por doença, e tampouco houve velório ou enterro.

Começo este relato descrevendo o documento oficial da República do Chile que certifica a sua morte; trata-se de uma certidão de falecimento emitida pelo Serviço de Registro Civil e Identificação. Essa certidão diz que, na comarca de Calama, do Departamento de El Loa, com data de 23 de outubro de 1973, na folha 316, se inscreve o falecimento de Carlos Berger Guralnik. Nessa certidão não constam nem o nome da mãe nem o nome do pai, o que já é estranho para um documento oficial. Consta, contudo, que o falecido era do sexo masculino, com o número da cédula de identidade 90.201 do gabinete de um bairro da cidade de Santiago do Chile. Interessante notar que consta da certidão que o morto era solteiro, e não se mencionam filho ou companheira. A data de falecimento se anota como 19 de outubro de 1973, às 18h. O lugar de falecimento foi Calama, e a causa da morte consta como destruição de tórax e região cardíaca, por fuzilamento. A certidão é de 31 de outubro

---

4 Chaimovich H. Chile: 11 de setembro de 1973, nem esquecer, nem perdoar. *Jornal da USP*. Disponível em: https://jornal.usp.br/?p=685574. Publicado em 20 de setembro de 2023. Acessado em: 9 dez. 2024.

de 1973, e a cópia que tenho está devidamente assinada, com o selo e o pagamento de imposto correspondente.

Essa descrição fria de um documento oficial esconde uma série de elementos que integram esse relato. Meu pai sempre teve bons contatos na polícia civil do Chile, em parte porque o seu laboratório farmacêutico estava perto do quartel geral da polícia civil. O meu velho, isento de preconceitos, era amigo e querido por todos. Assim, quando, atendendo ao desespero da família, quis saber do destino de Carlos, que desaparecera em 19 de outubro, alguém na polícia lhe fez chegar a certidão descrita. É um dos poucos casos em que o Estado do Chile atesta oficialmente, em um papel timbrado e assinado, um fuzilamento.

A pena de morte, por si só, é discutível, mas pode-se perguntar: fuzilado por quê? Por acaso participou de movimento armado contra os uniformizados do assassino Pinochet? Foi vítima de um conflito armado entre revolucionários e o exército leal ao ditador? Nada disso aconteceu, e por isso conto outra parte desta história.

Carlos nasceu em uma família em que pai e mãe eram membros do PC chileno. Nada surpreendente, então, que, inscrito desde a adolescência no PC, Carlos tivesse atuação política no colégio e na universidade. Formado em direito, sempre teve mais interesse profissional na política e no jornalismo.

Meu primo era alguns anos mais novo que eu, sua coerência política me parecia cansativa, e também era sério demais para meu gosto à época. Nunca fomos muito próximos. Discutíamos com certa frequência, sem maiores consequências e, como em toda família, participávamos juntos de muitas festas. Segundo minha irmã mais nova, que era sua amiga, Carlos era um homem imensamente doce e profundamente culto; não parava de ler.

Carmen Hertz e Carlos se conheceram na Faculdade de Direito da Universidade do Chile. Ela nasceu em um lar de direita, tradicional e conservador. Por isso, achou cativante o mundo que rodeava Carlos, a harmonia familiar que reinava em sua casa e as preocupações culturais que todos expressavam. Logo após se formar como advogado, Carlos viajou para a União Soviética, com uma bolsa do PC, para participar de uma escola de liderança. A relação entre Carmen e Carlos, apesar da distância, se consolidou nas cartas que iam e vinham. Durante esse período, Allende tomou posse na presidência do Chile. Ele volta a Santiago em 1971, e Carmen e Carlos iniciam uma vida juntos.

No final de julho de 1973, decidiram morar em Calama, uma decisão que não foi fácil para eles. Isso ocorreu, sobretudo, em razão da intenção do próprio Carlos. Nessa altura, tinha 29 anos, era diretor da revista *Ramona*, publicação juvenil da época, e fora chefe de gabinete de ministros do governo Allende. Mas entusiasmou-se com a ideia de trabalhar em um centro de produção de cobre como Chuquicamata, onde foi nomeado diretor de comunicações da mina e da rádio *El Loa*. Para Carmen, que, na época, tinha 26 anos, a decisão de mudança foi difícil, pois trabalhava na Corporação de Reforma Agrária (Cora) e seu filho Germán tinha apenas oito meses.

Na manhã do dia 11 de setembro, dia do golpe militar no Chile, Carlos recebeu um telefonema do chefe militar que havia assumido o controle de Calama e do mineral de cobre em Chuquicamata, ordenando-lhe que encerrasse, de imediato, as transmissões da rádio *El Loa*. Carlos reuniu os funcionários, pediu que saíssem e continuou transmitindo a mensagem da Central Única dos Trabalhadores do Chile, pedindo aos trabalhadores que permanecessem em seus empregos. Logo depois, uma patrulha militar invadiu a rádio, suspendeu as transmissões e levou Carlos preso à cadeia de Calama.

Carmen, em Calama, e a família do Carlos, em Santiago, receberam com alegria a notícia de que, em 13 de setembro, dois dias depois dessa primeira prisão, Carlos fora liberado. Mas seria por pouco tempo, pois, em 15 de setembro, foi novamente detido e mantido na mesma cadeia. Em 25 de setembro, Carlos compareceu perante um conselho de guerra, que o condenou a sessenta dias de prisão, a serem cumpridos na mesma cadeia onde esteve desde o dia 15 de setembro. Em História não se podem fazer experimentos, e é inútil perguntar "o que teria acontecido se...?". Assim, não podemos saber o que teria acontecido se Carlos, nesses dois dias entre a liberação da primeira prisão e a segunda prisão, tivesse cedido aos apelos de Carmen e simplesmente fugido. Desde a segunda prisão até o dia 18 de outubro de 1973, Carmen, como advogada de Carlos, visitou-o na cadeia diariamente. Já em meados de outubro, ela estava discutindo com o promotor a possibilidade de liberar Carlos e transformar os poucos dias que restavam da condenação em compensação pecuniária. No dia 19 de outubro, a tentativa diária de visitar seu companheiro foi frustrada e ninguém, a partir desse dia, soube onde efetivamente estava Carlos Berger. A história da Caravana da Morte, que, por mandato do general Pinochet, era comandada pelo general Sérgio Arellano Stark, é bem conhecida. Basta consultar a Wikipedia, buscando por *Caravana de la Muerte* ou *Arellano Stark*. Quase uma centena de opositores ao golpe e à ditadura foram assassinados pela Caravana da Morte, do sul ao norte do Chile, em outubro de 1973. Os assassinados, ligados ao governo de Allende, estavam presos e cumprindo sentenças que, em nenhum caso, incluíam a pena de morte. A caravana passou por Calama no dia 19 de outubro, e meu primo foi fuzilado naquele mesmo dia. Os restos mortais de Carlos foram inicialmente enterrados em uma cova clandestina na estrada para San Pedro de Atacama e, posteriormente, retirados do local por outras forças pinochetistas.

A procura pelo corpo de Carlos se estendeu por décadas, e só foi possível graças ao esforço de Carmen Hertz, hoje deputada no Congresso do Chile. Em 2010, o filho de meu primo, Germán Berger Hertz, dirigiu e produziu *Mi Vida con Carlos*[5], um filme em que confronta sua própria vida sem o pai, narra

---

5   Berger G. *Mi vida con Carlos* [Documentário]. Espanha: Grupo Cine Arte; 2009.

os horrores do passado de seu país e o efeito devastador da perda sobre sua família. A identificação de Carlos foi possível, décadas depois, a partir de uma análise de DNA de um osso do seu metatarso, em janeiro de 2014. Os poucos restos de Carlos foram enterrados em 13 de abril de 2014 no Memorial de Detenidos y Desaparecidos do Cemitério Geral de Santiago do Chile. Carmen Hertz, seu filho Germán, parentes e amigos acompanharam a cerimônia.

Durante os julgamentos dos responsáveis pelos assassinatos covardes desse outubro, um dos soldados que fuzilaram Carlos declarou que, em Calama, o único que retirou o próprio pano, com o qual cobriam as cabeças daqueles que iam morrer, foi um loiro de barba e bigode. Por acaso, ou não tão por acaso, era meu primo Carlos.

Cinquenta anos se passaram desde a prisão e morte do meu primo, mas não podemos nem esquecer, nem perdoar. Milhares de parentes de tantas famílias desapareceram, ou foram achados mortos e torturados, durante os obscuros anos de ditadura, na América Latina e noutros continentes. Com espanto, vemos hoje ressurgirem movimentos antidemocráticos e apelos pela volta da ditadura. Assim, quando digo *"Nunca mais", minha responsabilidade*[6], tenho muito claro que a defesa da democracia é uma parte fundamental de mim que inclui, também, a confrontação contra os ódios aos "outros", em particular o antissemitismo (em que "o outro" é judeu).

---

6   Chaimovich H. "Nunca mais", minha responsabilidade. *Jornal da USP*. Disponível em: https://jornal.usp.br/?p=301870. Publicado em: 17 fev. 2020. Acessado em: 9 dez. 2024.

AS PRIMEIRAS LETRAS E O COLÉGIO

Aprendi a ler e escrever em inglês em uma escola particular, o Windsor School for Boys, entre 1945 e 1947, e completei minha formação no Instituto Nacional (IN), de 1948 até 1956. O IN é uma instituição pública, fundada em 10 de agosto de 1813, na qual muitos líderes chilenos estudaram. No colégio, eu me ocupava com festas, namoro, esqui e leitura e não estudava muito, exceto química, biologia, física e filosofia. No Instituto, começamos a aprender a teoria e a prática da política, na qual estou envolvido desde então. Devo acrescentar, pois faz parte dos meus privilégios, que o professor de espanhol era um escritor e docente universitário; e o professor de química conseguia tornar a matéria um assunto interessante — como deve ser. Todos os professores do Instituto Nacional, daquela época, eram docentes excelentes e a escola formava cidadãos ilustrados, em vez de preparar adolescentes para o vestibular.

Desde muito cedo, tive contato com química no laboratório farmacêutico do meu pai. Um dos consultores me deu livros de química para crianças, como presente de aniversário, e então comecei os experimentos. Alguns deles não saíram como planejado e, fabricando explosivos caseiros, destruí parte da garagem da família. Um microscópio, sobras de alimentos fermentados e insetos do jardim me introduziram na biologia.

Na adolescência, eu era um leitor voraz. Seguindo conselhos de minha mãe, li "os russos" e vários outros clássicos, antes de sair do colégio. Não lembro quando li *Doutor Arrowsmith*[7], de Sinclair Lewis (1885-1951), mas posso recordar o impacto que senti. No livro, Arrowsmith é um cientista progressista, desafiando, muitas vezes, o estado "normal" das coisas. O romance aborda questões relativas à formação profissional, à

---

7   Lewis S. *Doutor Arrowsmith*. Barueri: Amarilys Editora; 2016.

investigação científica, fraude científica, ética, saúde pública e conflito pessoal/profissional. Há também dedicação incansável, respeito pelo método científico e honestidade intelectual. Essas questões se mantêm relevantes na atualidade, mas, para mim, foram essenciais. E, de certa forma, determinaram parte da minha vida. Ler aquele livro teve consequências e, nunca modesto, sempre sonhei em salvar a humanidade através da química, da biologia e da política científica.

UM JOVEM UNIVERSITÁRIO

Aos dezessete anos, fui admitido na Facultad de Farmacia da Universidad de Chile (FF/UCh) para estudar farmácia. Durante o primeiro semestre, por causa de uma mononucleose, tive de ficar quase um mês de cama. A assistente social que me visitou, ao final do período, aconselhou-me a cursar apenas uma ou duas disciplinas naquele ano, pois não conseguiria passar de ano. Não gostando da ideia, cursei todas as disciplinas, fui aprovado em todas e, inclusive, ganhei prêmios como o melhor aluno da turma. Levar os cursos a sério (ao menos, alguns) fez com que eu me interessasse pelos aspectos básicos da ciência. As partes farmacêuticas do "núcleo duro" do curso, ensinadas naquele tempo, e o laboratório do meu pai, não me atraíam.

No final do primeiro ano, eu me preparava para entrar num novo processo seletivo para ingresso na Faculdade de Medicina, pois achava a maioria dos cursos da Farmácia enfadonhos. Nessa época, há mais de sessenta anos, o saudoso Osvaldo Cori (1921-1987), médico formado em bioquímica pelos laureados pelo prêmio Nobel, Fritz Lipmann e Severo Ochoa, criou um currículo de graduação em bioquímica, na FF/UCh. A carreira de bioquímica atraiu um pequeno número de estudantes que desejavam se tornar cientistas e contribuir para o melhoramento da ciência no Chile e no mundo. A liderança e densidade intelectual de Osvaldo converteram um grupo de dez universitários chilenos, de dezoito a vinte anos, em cientistas aprendizes, em uma escola profissional. Abandonei a farmácia, os meus planos para a faculdade de medicina e juntei-me à aventura.

Foi muito difícil explicar a meu pai que seus planos, para mim, em seu laboratório, teriam de ser arquivados; ou que, pelo menos, teria de esperar até que — na cabeça dele — eu me convencesse de que ser cientista no Chile não era uma forma digna de ganhar a vida. Tínhamos tanta certeza de que nos tornaríamos os próximos Ochoas ou Lipmanns que nada mais importava. Ao criar ciência, no Chile, também resolveríamos muitos dos problemas sociais de nosso tempo. A sensação era estimulante e alguns dos outros professores da época, como Mario Luxoro (1926-2016) e Felix Schwartzmann (1913-2014), ajudaram a transformar os aprendizes em jovens (provavelmente insuportáveis) convictos de que mudariam o mundo por intermédio da ciência. Aqueles cinco anos, em particular os dois últimos, foram incrivelmente ricos, pois o nosso pequeno grupo recebeu tutorias de ciências emocionantes, em vez de palestras formais para um grande público. Um subgrupo, formado por Yedy Israel, Romilio Espejo e eu, estudamos e trabalhamos juntos, competimos e desenvolvemos uma amizade para toda a vida.

Até hoje, digo aos meus alunos que ser um cientista, especialmente em um país subdesenvolvido, significa que você tem de acreditar que suas contribuições podem levá-lo a ganhar o Prêmio Nobel; e que você também deve ter coragem de continuar pesquisando se não conseguir chegar lá.

No quarto ano da faculdade, meu colega Romilio Espejo e eu fomos trabalhar num laboratório da Faculdade de Engenharia da Universidade do Chile, para desenvolver um projeto de iniciação científica. Nosso projeto envolvia a medição da cinética de incorporação do $[^{32}P]Pi$ (fosfato radioativo) em proteínas e ácidos ribonucleicos de células vivas, assunto importante na época. Gostamos muito de trabalhar no laboratório e ficamos fascinados com a variedade de interpretações que podiam acomodar nossos dados. Tivemos de estudar muito para entender o que líamos e escutávamos sobre infecção viral, síntese de RNA e outros termos misteriosos. O Romilio ficou com os ácidos nucleicos e eu com a cinética. Mario Luxoro, um brilhante biofísico, nos ensinou a falar sobre fisicoquímica e termodinâmica em conversas maravilhosas à hora do almoço, na sua sala, que mais parecia um cubículo. As conversas com Luxoro eram fascinantes e as exigências do curso pareciam inalcançáveis. Não tenho a mínima ideia de como o meu fascínio por Luxoro não resultou num estágio no laboratório dele. Lembro, como se fosse hoje, porém, do meu exame de biofísica daquele ano. Preciso, antes, descrever como eram os exames finais nessa época, nessa faculdade: cada aluno que tivesse alcançado nota para se apresentar ao exame final da disciplina entrava numa sala, onde três docentes podiam perguntar qualquer coisa relacionada ao conteúdo da disciplina. O meu exame, com Luxoro presidindo a banca, durou mais de meia hora e eu acreditava ter respondido a todas as perguntas e resolvido um ou dois problemas propostos na hora. Terminado o exame, Luxoro olhou para mim e, com semblante sério, me informou que eu tinha sido reprovado. Não me lembro de ter desmaiado, mas deve ter faltado pouco. Logo depois, consciente do meu desespero, a banca começou a rir e o Luxoro me disse que eu tinha tirado nota máxima. Ainda guardo esse certificado, pois, em cada disciplina, o exame final garantia um pedaço de papel timbrado com a nota final.

No fim daquele ano, fui convidado por Osvaldo Cori para trabalhar no laboratório de pesquisa e para ser monitor de graduação. Meu primeiro esforço para entender a vida foi tentar determinar a natureza dos fosfagênios no músculo de um gastrópode pela marcação de $[^{32}P]Pi$, usando abalones (molusco conhecido como *loco*, no Chile). A minha experiência com *locos*, até então, tinha sido essencialmente gastronômica, já que este é um dos mariscos mais procurados e apreciados. Não tendo nenhuma experiência em popularização da ciência ou divulgação científica, foi difícil explicar esse tema de pesquisa para minha família. A mudança de fosfagênios de *locos* para enzimas em batatas resultou de uma recusa da concessão de um auxílio à pesquisa. Agora, eu teria de explicar as minhas atividades laborais com outro ingrediente alimentar em reuniões familiares. A purificação da apirase da batata[8] foi uma experiência complexa, envolvendo tampões contendo cianeto para evitar a oxidação do extrato. A criatividade na descoberta de novos métodos de purificação da enzima me foi imposta pelo medo de continuar a usar soluções contendo cianeto, que pode gerar o mortal ácido cianídrico na sala fechada com baixa temperatura. Com a enzima purificada e minha experiência anterior com [^{32}P]Pi, usamos substratos marcados para sondar a cinética da apirase. Obter ATP puro, marcado com beta e gama [^{32}P], um projeto em si, foi uma viagem. Depois de confirmar a pureza de AMP-[^{32}P]-P e ADP-[^{32}P], descrevemos a hidrólise catalisada por apirase em detalhes. O primeiro artigo sobre apirase, do qual fui coautor, em 1965, ainda é citado na literatura internacional[9].

Trabalhar nesse laboratório foi uma experiência cultural enriquecedora. Os almoços e seminários diários, em que discutíamos resultados e trabalhos científicos, incluíam também uma exposição à vasta cultura e às ideias políticas de Osvaldo. Eu gostava da ciência e das partes culturais. O meu fascínio pela cinética como ferramenta; pela enzimologia como disciplina; pela química, em biologia, começou aí. Formei-me em julho de 1962, tornando-me bioquímico (pelo menos, do ponto de vista do título) aos 22 anos. Após a formatura, fui contratado pela FF/UCh como auxiliar de laboratório. Durante minhas aulas para alunos de graduação, Osvaldo e seus assistentes sentavam-se na primeira fila e lançavam perguntas difíceis.

---

8   As enzimas aceleram reações químicas e permitem que a vida, neste planeta, suceda a uma velocidade que nos parece "normal". Apirase é uma dessas enzimas que se torna cada dia mais importante. Há sessenta e muitos anos era comum usar isótopos radioativos, entre eles o fósforo (32P) que, além de ser bastante perigoso, é fácil de detectar. Usando (32P) obtive compostos "marcados" com esse isótopo em várias posições bem específicas.
9   Traverso-Cori A, Chaimovich H, Cori O. Kinetic Studies and Properties of Potato Apyrase. *Biochemistry and Biophysics*. 1965;109(1):173-184. doi: 10.1016/0003-9861(65)90303-6.

Essa experiência foi árdua, mas muito bem aproveitada. Tive que preparar minhas aulas com cuidado, buscando, ao mesmo tempo, coerência didática e embasamento científico atualizado. Eu estava sendo educado para ensinar, formular e responder perguntas difíceis e enfrentar desafios.

ESTABELECENDO UMA FAMÍLIA

Meus casamentos e nossos filhos são parte central de minha vida. Casei-me com Vera Figner Soeiro no Rio de Janeiro, em 1965, dias antes de partir para Santa Bárbara, nos Estados Unidos. O álbum de fotos do casamento mostra, além de meus pais e de minha irmã Claudia, dois jovens elegantérrimos e felizes, num ambiente mágico. Os pais da Vera, Renato Soeiro (1911-1984) e Lelia Figner (1913-1981) influenciaram-me de forma marcante, durante anos. Depois de voltar dos Estados Unidos, e antes de emigrar ao Brasil, Vera e eu passamos quase dois anos no Chile, período em que nasceu o Felipe Chaimovich Soeiro, em 1968. Já no Brasil, em 1973, nasceu o Marcos Soeiro Chaimovich, registrado à brasileira, com o nome do pai no fim. A vida foi nos afastando e, em 1977, Vera e eu decidimos nos separar. Vera, Felipe e Marcos se mudaram para o Rio de Janeiro e eu fiquei em São Paulo. Se a minha mãe estivesse viva, as desventuras da separação, a distância de meus filhos e as agruras econômicas pelas quais passei, durante alguns anos, poderiam ser temas de um dos seus contos. Mas, como diria Fellini, "*e la nave va*".

Aos poucos, e com infinito cuidado, comecei a namorar Iolanda Midea Cuccovia; com quem me casei, em 1982. A nossa relação, cheia de amor, parceria e respeito, se estende por décadas. A passagem de parte da aristocracia carioca para a pequena Itália paulista foi uma experiência maravilhosa. Em algumas partes deste texto refiro-me à minha parceria pessoal e profissional com Iolanda, pessoa ímpar, que, segundo a minha mãe, salvou a minha vida. E eu tendo a concordar com Sonia Guralnik. Mas, além da minha companheira, ganhei os meus sogros Biagio Cuccovia (1925-1990) e Donata Rosa Midea (1926-2019) que, com personalidades distintas, foram meus novos pais. Em 1984 nasceu Mariana Midea Cuccovia Chaimovich, minha filha e princesa.

Iolanda e eu decidimos construir, além da nossa relação, uma casa tranquila longe do barulho e dos cheiros do apartamento onde começamos nossa vida juntos. O terreno e a casa ocupam um pequeno bosque, cheio de flores, que Iolanda continua plantando; e eu dedico algum tempo a fotografar. A distância nos afasta da cidade onde moram filhos e amigos, mas o silêncio, os meus cachorros e a plêiade de pássaros que povoam, com outros animais, o nosso espaço, nos traz paz. É verdade, porém, que os minutos que levávamos, em 1983, para chegar à Universidade, à casa dos filhos e dos amigos podem hoje representar horas no trânsito, devido à falta de planejamento urbano.

Cada vez que penso em meus três filhos, sinto e curto mais um dos meus imensos privilégios: Felipe, Marcos e Mariana não se cansam de me dar orgulho e alegrias. Destacar características de cada um seria outro livro. Porém, algumas linhas são mais do que necessárias: Felipe, sempre doce e sorridente, intelectual de fina estirpe, me surpreende sempre. Marcos e sua esposa Ana Maria Betim, além de todo o apoio, me deram duas netas que, a cada dia, preenchem a minha necessidade de ser avô. Mariana que, desde pequena, me desafia com rara precisão, e seu esposo Victor Nóbrega, são um casal amoroso e criativo.

Meus filhos nasceram em tempos, lugares e lares diferentes. Depois que eu e Vera voltamos dos Estados Unidos, nasceu Felipe, o primogênito, no Chile, onde morou até um ano. Durante esse curto período, tentei me estabelecer na Universidade do Chile; mas, então, queimando os meus navios, emigrei para o Brasil. De alguma forma, Felipe se sente metade chileno e, desde muito pequeno, visita o país com certa frequência.

Marcos, meu filho caçula, nasceu em São Paulo, cinco anos depois de Felipe, quando eu ainda era casado com Vera. Durante muitos anos, Marcos também constumava viajar para o Chile, acompanhado por mim ou pelo seu irmão mais velho. As filhas de Marcos, Juliana e Fernanda, são hoje as minhas únicas netas e já tiveram oportunidade de conhecer parte da minha família chilena.

Mariana, agora a minha caçula, é filha da Iolanda, minha companheira há mais de quarenta anos. Nascida em São Paulo, Mariana começou a conhecer a família chilena ainda bebê, e mantém relações com eles até hoje. As variações do espaço/tempo mudam as pessoas, embora eu sempre tenha acreditado que essas mudanças não alteram os valores essenciais que nos estruturam. O pai de Felipe, Marcos e Mariana não era a mesma pessoa em 1968, 1973 e 1984. E não se trata, simplesmente, da passagem do tempo. Assim, creio que, apesar de continuar a ser um progressista combativo, os meus filhos tiveram *pães* – pois todo mundo muda com o tempo – distintos, explicando parte das diferenças de relações maravilhosas que mantenho com cada um deles.

Sinto saudade de cada um deles, cada vez que a distância e o maldito trânsito nos impedem, por algum tempo, de estarmos juntos.

SANTA BÁRBARA E HARVARD

Conhecer o Professor Bunton (demorei décadas para chamá-lo carinhosamente de Bunny) mudou minha vida. Minha descrição de Bunny está publicada em um artigo que escrevi em coautoria com dois colegas como um editorial na revista *Langmuir*, quando a comunidade científica global comemorou seu 80º aniversário, em 2000[10]. O primeiro parágrafo desse editorial informa que "a carreira científica do professor Bunton havia começado há cerca de meio século, na era de ouro da físico-química orgânica clássica criada pela escola Hughes-Ingold do University College, em Londres". Acrescenta ainda que ele havia publicado mais de 470 artigos de pesquisa, era autor de um livro definitivo e de inúmeras resenhas sobre estudos de mecanismos de reações orgânicas e sobre os efeitos dos conjuntos de surfactantes na reatividade química. O texto enfatiza também que Bunton

> não apenas fez contribuições cruciais para ambos os campos, mas também tem sido uma inspiração contínua para todos aqueles que se juntaram a ele na resolução de problemas em química física, orgânica e de coloides de associação. A multidão de cientistas visitantes, bolsistas de doutoramento, pós-doutores, e estudantes de licenciatura que passaram pelo seu laboratório nos anos seguintes ampliaram a sua reputação e influência científica e partilharam o carinho e o respeito que ele é tido pelos seus muitos amigos e colegas. Suas críticas eruditas, acompanhadas de bondade e ajuda incondicionais, moldaram muitos químicos de sucesso. Tendo alcançado o carisma de

---

10   Chaimovich H, Savelli G, Romsted L, Bunton CA. From Reaction Mechanisms to Association Colloids; Crucial Contributions to Physical Organic Chemistry. *Langmuir*. 2000;16(1):1-4. doi:10.1021/la991518n.

um grande mestre, Bunny, como é carinhosamente conhecido por todos, é o pai de uma geração moderna de físico-químicos orgânicos. Poucos países permanecem intocados pela sua influência generalizada. [Tradução livre]

Convencido de que precisava aprender mais química para entender as enzimas, fui até o laboratório de Bunton, na Universidade da Califórnia em Santa Bárbara (UCSB), para fazer pesquisa em físico-química orgânica, com o apoio de uma bolsa Rockefeller. Eu não tinha doutorado e, aceitando o conselho de Osvaldo Cori de não fazer pós-graduação, fui para os Estados Unidos como cientista visitante.

Meus alunos têm dificuldade de entender por que, ao chegar a Santa Bárbara, tive de construir um banho de óleo com temperatura controlada para começar a estudar a hidrólise do pirofosfato. Essa foi uma tarefa menor, vinda de um orientador como Bunton que havia construído, sozinho, um espectrômetro de massa[11]. Usando "meu" banho e um colorímetro antidiluviano, logo descrevemos a solvatação seletiva em reações de pirofosfato em solventes mistos[12].

O período que passei na Universidade da Califórnia foi intenso. A disciplina de T.C. Bruice sobre mecanismos bio-orgânicos cobriu o terreno que apareceria como um livro, em coautoria com S.J. Bencovic[13]. Uma das lembranças dessa época é a capacidade que Bunny tinha de observar um resultado isolado sob uma perspectiva química global. O renascimento da catálise micelar começou após uma discussão em um seminário noturno no qual defendi o uso de micelas como

---

11 Um banho termorregulado necessita de um recipiente e de um termostato acoplado a uma resistência que esquenta e, assim, mantém a temperatura constante. Um espectrômetro de massa é ordens de magnitude mais complexo, pois tem que acelerar substâncias no vácuo, espalhá-las em função da sua massa e um sistema de detecção que indica a massa de cada fragmento.
12 Bunton CA, Chaimovich H. The Acid-Catalyzed Hydrolysis of Pyrophosphoric Acid. *Inorganic Chemistry*. 1965;4(12):1763-1766. doi: 10.1021/ic50034a020.
13 Bruice TC, Bencovic S. *Bioorganic Mechanisms*. New York: Ed. WA Benjamin; 1966.

modelos enzimáticos. Um dos pós-doutores da época, Janos H. Fendler (1937-2007), ilustre químico e querido amigo já falecido, insistiu que eu deveria ingressar no doutorado, e ele estava certo. Discutir química, entre outros temas, tomando conhaque com Janos, era uma das muitas alegrias de Santa Bárbara.

Por acreditar que compreendia a hidrólise do éster de fosfato até então, deixei a UCSB para me juntar ao grupo de F. H. Westheimer (1912-2007) no Departamento de Química da Universidade Harvard, como pesquisador. Tive o apoio de Bunny e de uma nova bolsa Rockefeller. A mudança da Universidade do Chile para a UCSB foi simples, quando comparada à transição UCSB/Harvard. Foi preciso muito trabalho duro e alguma dor para sobreviver naquele Departamento de Química. Meu primeiro projeto falhou e, não tendo nenhuma experiência anterior em síntese orgânica, tive que sintetizar moléculas simples por um procedimento complexo, usando gases venenosos. Foi simplesmente um pesadelo.

Levei algum tempo para sentir que pertencia àquele lugar. No final do meu ano em Harvard, no entanto, tendo apresentado um seminário departamental, e com um artigo sobre modelos para rotulagem de sítios ativos de enzimas, senti que havia conseguido atingir realizações importantes. Foi uma época emocionante, com insights sobre catálise enzimática e um pensamento científico altamente sofisticado, apresentado por F. H. Westheimer, durante seminários. Com poucos e bons amigos, feitos na época, ainda me lembro da alegria intelectual de estar ali.

Não tive dúvidas de que precisava retornar para o Chile após meu treinamento nos Estados Unidos. Ainda acho que os cientistas dos países em desenvolvimento têm uma responsabilidade social acima de nossa paixão natural e pessoal por descobrir e por ser reconhecido por isso. A ciência não moveu a América Latina com a rapidez que eu desejava. No entanto, também posso atestar a importância do trabalho coletivo dos cientistas para nossas sociedades.

Idealizar os laboratórios do Primeiro Mundo, imaginando que o sucesso se deve somente a mais financiamento, menos burocracia e aparelhos mais sofisticados, é ignorar o componente central que permite a expansão das fronteiras do conhecimento e as descobertas disruptivas. Embora as condições estruturais e financeiras sejam importantes como o ar que se respira, o profundo engajamento intelectual e emocional pela ciência é o motor que move os melhores grupos de pesquisa do mundo. Diz-se (provavelmente, com razão), que a poeira centenária que flutua nos prédios de Oxford e Cambridge contagia e faz com que muitos se tornem estrelas nos seus campos de conhecimento.

DE VOLTA AO CHILE

De volta ao Chile, e novamente ao laboratório de bioquímica da Faculdade de Química e Farmácia da Universidade do Chile, em Vicuña Mackenna 20, Santiago, onde conviviam cinco linhas de investigação independentes, lideradas, respectivamente, por O. Cori, A. Traverso-Cori, Y. Israel, F. Marcus e eu. Uma bolsa de reentrada da Fundação Rockefeller possibilitou minha independência científica já na minha chegada. Ainda me pergunto como tantas linhas de pesquisa diferentes coexistiram em um laboratório que tinha uma área tão grande (ou pequena, a depender do espectador) quanto o tamanho do laboratório que compartilhei, já no Brasil, com a minha companheira, Dra. Iolanda Midea Cuccovia, até a minha aposentadoria compulsória. A colaboração científica entre nós era restrita e o diálogo se reduzia a discussões intelectuais na hora do almoço; e ninguém, exceto o Osvaldo Cori, poderia trabalhar com mais de um aluno ou técnico.

Comecei a trabalhar com a fosfatase ácida de baixo peso molecular, hoje conhecida como pertencente ao grupo das fosfotirosilproteínas fosfatases[14]. Minha intenção era entender a catálise por uma enzima que aumentava a taxa de hidrólise de um fosfomonoéster, uma reação bem compreendida (ou assim eu pensava). Ao mesmo tempo, comecei a criar modelos para a catálise não enzimática da mesma reação. Tendo verificado minha independência, iniciei, paralelamente, uma colaboração frutífera com Jorge e Catherine Allende. Minha primeira apresentação em um encontro internacional, com cinética de

---

14 Fosfatase é outra enzima; o sujeito que descobriu que esta enzima acelera a hidrólise de proteínas fosforiladas ganhou o Nobel. Eu, desafortunadamente, não me dei conta disso a tempo. Também é possível que essa decisão tenha sido baseada no preço da matéria-prima e nos contatos do matadouro local.

pingue-pongue e tudo isso, foi sobre a enzima ativadora. Não consigo me lembrar de por que decidi purificar a fosfatase ácida do cérebro bovino. Possivelmente estava tão longe de batatas ou agulhas de pinheiro (e outros temas preferidos do Cori, na época) quanto eu poderia imaginar.

A purificação da enzima foi fácil, afinal uma enzima ácido--estável de baixo peso molecular (13 kD) foi um bom ponto de partida. As dificuldades começaram depois que reconhecemos que o rendimento final da enzima pura era de alguns microgramas por quilo de cérebro. Descrevemos a purificação da enzima e alguns dados iniciais de cinética e inibição logo em seguida. Ficou claro, desde o início, que uma cisteína de sítio ativo era essencial para a catálise. Tentar entender o papel do tiol seria um componente importante em meus interesses científicos[15].

Yedy Israel e eu ouvimos o conselho de Osvaldo, sugerindo que o caminho para avançar na escada acadêmica chilena era se tornar um "professor extraordinário", uma tradução duvidosa do "Privatdozent" alemão (que, na verdade, estaria mais próxima de "livre-docente"). Tratou-se de preparação intensa para uma complexa série de exames que cobriam toda a bioquímica e exigiam a elaboração de uma tese. A passagem pela bioquímica me deu uma sólida cultura, que foi fundamental ao longo da minha carreira.

Ambos fomos aprovados com louvor e, apesar dos títulos, e de termos conseguido posições permanentes na Universidade, saímos do país poucos meses depois. Frank Marcus já tinha saído do laboratório antes, para ocupar uma posição numa universidade no sul do Chile.

---

15 A cisteína é um aminoácido desta enzima, sendo a responsável pela atividade. Neste e em outros trabalhos, demonstramos que existe outra cisteína perto da estrutura da enzima. Como as duas cisteínas podem se unir e como essa reação depende do estado de oxidação da célula, a atividade da célula, ou seja, a atividade da enzima, pode ser regulada pelo estado de oxidação. Isso é relevante, pois a saúde celular depende de seu estado de oxidação.

BRASIL, MEU BRASIL BRASILEIRO

Meu primeiro casamento foi um dos principais motivos para deixar o Chile. Mesmo antes de voltar dos Estados Unidos, meus sogros haviam investigado as possibilidades de conseguir um cargo acadêmico no Brasil e eu já estava recebendo ofertas. A sensação de asfixia em um laboratório lotado, onde eu via pouquíssimas chances de montar um grupo de pesquisa maior, pesou também.

Assim, com um ano de licença não remunerada, cheguei a São Paulo, em 1969, ao Departamento de Fisiologia da Faculdade de Medicina da Universidade de São Paulo (USP), como bolsista da Fundação de Amparo à Pesquisa do Estado de São Paulo (Fapesp)[16]. Apesar do clima sombrio, causado pela expulsão do chefe do departamento (motivada politicamente), fui recebido de braços abertos. Comecei a recrutar alunos, já que a Fapesp também tinha incluído, no pacote, a montagem de um laboratório. Logo depois, eu tinha uma pequena equipe de graduandos, um técnico em tempo integral e um aluno de pós-graduação purificando enzimas. Sentia-me cientificamente isolado no Departamento de Fisiologia, apesar do incrível apoio que recebi.

Minha transferência para o Instituto de Química da USP (IQUSP) foi negociada e cheguei ao recém-criado Departamento de Bioquímica do IQUSP. Meus colegas do Departamento de Fisiologia generosamente concordaram não apenas com minha transferência, mas também pude levar comigo a recém-adquirida centrífuga Sorvall, o medidor de pH e o material de laboratório. Reiniciei minha trajetória em um pequeno laboratório que havia sido deixado temporariamente por um membro

---

16 Chaimovich H. Uma visão pessoal da Fapesp nos últimos cinquenta e poucos anos. *Estudos Avançados*. 2022;36(104):327-342. doi:10.1590/s0103-4014.2022.36104.016.

do corpo docente que estava fazendo pós-doutorado no exterior. Este colega, José Carlos da Costa Maia, que morreu prematuramente, não gostou da ideia de voltar a um espaço ocupado. Começamos, em conflito agudo, uma relação que evoluiu para uma amizade profunda.

Essa referência é importante para descrever como me tornei bioquímico, uma vez que o Maia era biólogo e, ao tentar explicar-lhe a minha pesquisa, minha bioquímica orientada quimicamente foi enriquecida. Ele gentilmente me levou a tentar olhar para o mesmo problema, pensando em termos de biologia.

Talvez se eu tivesse escutado mais, meu grupo tivesse descoberto que o substrato biológico da fosfatase ácida era a fosfotirosina — e minha história teria sido diferente. Em vez disso, descrevemos, entre outras propriedades, parte do mecanismo de catálise e regulação.

O clima no Departamento de Bioquímica do IQUSP, no início dos anos 1970, era cientificamente empolgante, apesar da atmosfera política sombria em um país que vivia uma ditadura militar. A Fapesp havia iniciado um programa de apoio à bioquímica no estado de São Paulo (Bioq-Fapesp), supervisionado por um comitê consultivo internacional e por um grupo supervisor local, para o qual fui indicado. A legitimidade e a importância científica da Fapesp e do comitê consultivo internacional marcaram profundamente o Departamento. Ter um projeto aprovado em tal programa deu, a vários docentes muito jovens, inclusive a mim, financiamento de longo prazo e independência da estrutura formal da universidade. Algumas pessoas ainda se lembram com espanto do dia em que um projeto apresentado por um catedrático não foi aprovado. A maior parte do corpo docente no Brasil não conseguiu entender o impacto do Bioq-Fapesp na estrutura muito formal e conservadora de uma universidade latino-americana da época. Para os jovens docentes, porém, que tiveram contato com a ciência, no exterior, era natural que o espaço (seja científico, político ou medido em metros quadrados) estivesse relacionado à qualidade da ciência, e não à posição formal na estrutura acadêmica.

Com financiamento adequado e um pequeno grupo de pesquisa já produzindo resultados, tive que decidir se ficava no Brasil ou se voltava para o Chile, onde tinha um cargo permanente. Sendo um Hernán, como Cortés, queimei meus barcos e, apesar de ocupar um cargo precário no Brasil, que precisava ser renovado a cada três anos, decidi renunciar ao meu cargo de Professor Extraordinário no Chile.

Logo que cheguei ao IQUSP, ofereci um curso de pós-graduação em enzimologia. Passei quase um ano preparando o material, tentando integrar tudo o que sabia sobre cinética e mecanismos nesse curso de um semestre. Pensar a enzimologia de uma forma diferente, integrando conceitos básicos com o último artigo publicado na área, foi uma experiência enriquecedora. Estou menos seguro a respeito da opinião dos alunos. Ainda mantenho as notas dadas aos vinte alunos que tiveram que sofrer com a ciência e aguentar meu sotaque, já que espanhol e português não são assim tão parecidos. Meu português melhorou lentamente e ensinei esse curso por uma década.

É possível que, ao preparar o curso, o enigma sobre a relutância de um nucleófilo de enxofre em atacar o fósforo não enzimaticamente, em solução aquosa, tenha se tornado um projeto de pesquisa. Não posso deixar de reconhecer, com relutante modéstia, que levei quase trinta anos para resolver o enigma. Depois de não conseguir obter um sistema simples para modelar a fosforilação da fosfatase ácida em enxofre, resolvi procurar outro modelo. Assim, trouxe de volta ao meu laboratório o estudo das micelas, para investigar o efeito das interfaces na reatividade química, em reações biologicamente interessantes.

Em 1973, organizei um curso teórico e experimental internacional sobre físico-química orgânica, com Bunny como professor convidado. Um dos temas experimentais foi a tiólise e, com base nos resultados, escrevi, em coautoria, meu primeiro artigo sobre micelas. A "catálise" micelar era um assunto empolgante e muitos cientistas pensaram que o caminho para obter acelerações semelhantes a enzimas, em sistemas totalmente sintéticos, havia sido encontrado. O desenvolvimento de modelos quantitativos para a análise da cinética foi nosso primeiro desafio e meu grupo de pesquisa cresceu, mantendo tanto a fosfatase ácida quanto a "catálise" micelar como principais interesses.

Em 1976, organizei o Simpósio Internacional de Detergentes em São Paulo e, com certeza, a possibilidade de vir ao Brasil atraiu alguns dos melhores cientistas do mundo. O fascínio com os aspectos básicos e aplicados de sistemas anfifílicos auto-agregados[17], abrangendo características estruturais e funcionais, constituiu o principal impulso de pesquisa, em meu grupo. Logo eu estava participando das conferências supramoleculares globais, que deram origem a parte do que hoje se conhece como nanociências e nanotecnologia.

Entre nossas contribuições para o assunto, naqueles dias, estavam métodos para a análise quantitativa de taxas de reação em agregados, a descrição de vesículas formadas por derivados de fosfato, totalmente sintéticos, e catálise tipo enzima de tiólise de éster por vesículas.

---

17   Moléculas que apresentam uma parte que "gosta" de água (hidrofílica) e, ao mesmo tempo, outra parte que "não gosta" de água (hidrofóbica) podem formar, espontaneamente, grandes agregados, quando adicionadas em água. Os componentes ativos do sabão são exemplos de moléculas anfifílicas.

ALTOS E BAIXOS

Em 1978, eu era responsável por um ativo grupo de pesquisa, havia orientado várias teses de doutorado e era o coordenador do Programa de Pós-Graduação em Bioquímica do IQUSP. Por diversos motivos, inclusive pela inflação galopante, naquele ano a correção salarial foi feita por meio de uma compensação monetária vinculada a títulos acadêmicos. Minha graduação em bioquímica não era reconhecida no Brasil, eu não tinha doutorado e não havia equivalente brasileiro para o título de Professor Extraordinário concedido pela Universidade do Chile. Com isso, o poder de compra do meu salário caiu pela metade e mal dava para me manter e pagar as viagens quinzenais ao Rio para visitar meus filhos. Comecei a procurar uma posição em outro lugar. Hoje, é difícil de lembrar, ou entender, os motivos da minha decisão de permanecer no IQUSP, já que tive ofertas de emprego no Brasil, no exterior, na academia e na indústria.

Um grupo de alunos brilhantes de pós-graduação juntou-se ao meu grupo e a atmosfera no laboratório era empolgante. Estávamos obtendo muitos dados, elaborando teorias, escrevendo artigos e apresentando projetos. Em algum momento, decidi ficar no IQUSP, mas, para isso, precisava fazer o doutorado. Após um exame cuidadoso dos estatutos da Universidade, descobri um artigo que permitia a cientistas de "reconhecida competência" obter o grau de doutor pela simples apresentação de uma tese. Não tenho espaço aqui para descrever o processo; basta dizer que a Congregação do IQUSP votou favoravelmente ao meu pleito, por pequena maioria. Apresentei uma tese, obtive o meu doutoramento e, seis meses depois, em um processo que incluiu outra tese e vários exames, obtive o título de livre--docente (uma tradução melhor de *Privatdozent*). Os resultados apresentados nessas teses foram publicados, e um desses artigos ainda é um dos quadros conceituais mais úteis para analisar reações em soluções contendo agregados em rápido equilíbrio com substratos.

Aos quarenta anos, agora com uma posição permanente no Departamento de Bioquímica da USP, eu havia voltado a ser bioquímico[18].

---

18 Chaimovich H. How I became a biochemiste, twice. *IUBMB Life*. 2008;60(2):139-43. doi: 10.1002/iub.26.

NA UNIVERSIDADE DE SÃO PAULO, ENFIM

O percurso posterior teve alguns percalços profissionais menores do que os que me levaram ao meu primeiro contrato permanente na USP. Com outros colegas, obtive a posição de professor titular, alguns anos depois, e continuamos a construção do Departamento de Bioquímica, que ocupa posição entre os melhores do mundo.

Posso olhar com orgulho para a nossa contribuição científica, produzida com colaboradores, orientandos e pós-doutores, e em especial à minha esposa e companheira de vida e de trabalho, professora doutora Iolanda Midea Cuccovia. Juntos, Iolanda e eu, construímos um grupo de pesquisa que se destaca por vários motivos, em especial pela imensa generosidade de Iolanda, cuja dedicação à ciência — e, em especial, às pessoas — não conhece limites. A ciência que criamos está descrita em trabalhos que continuamos publicando juntos[19].

---

19   Google Acadêmico. https://scholar.google.com.br/citations?hl=pt-BR&user=FC-6c8WQAAAAJ. Acessado em: 9 dez. 2024.

VIAGENS A TRABALHO? NÃO É SÓ TRABALHO!

Durante anos viajei pelo Brasil e ao exterior a trabalho. *Trabalho* é uma forma enganadora de indicar o motivo da viagem, pois apresentar e discutir o nosso produto intelectual e assistir e discutir o produto dos outros é um enorme prazer.

Em muitas ocasiões, participei de encontros especializados em que o tema tinha relação com as linhas de pesquisa do nosso grupo. Nas últimas décadas, porém, muitas das viagens tinham também, como foco, outros assuntos como política científica ou ensino superior. Não consigo estimar o quanto foram enriquecedores os contatos durante essas saídas do meu círculo de conforto. Mas posso, sim, descrever a saudade desses tempos em que, muitas vezes ao ano, me encontrava com gente que eu admirava e que me ensinava até com a simples presença. O prazer intelectual e, muitas vezes, a emoção de compartilhar momentos com pessoas admiráveis é indescritível. Conheci muitas personalidades por meio desses encontros.

Alguns desses relacionamentos foram curtos, outros se estenderam por anos. É impossível para mim, e seria tedioso para o leitor, enumerá-los todos. Selecionar alguns contatos que foram quase de terceiro grau seria inútil, especialmente porque o faria com os meus (pre)conceitos de hoje. Mas só tenho a agradecer a mais esse privilégio que mudou a minha forma de enfrentar a liderança, de conhecer o mundo, ampliar os horizontes, distinguir tática de estratégia, e tantas outras nuances que, apontando meus limites, mudaram o meu olhar.

APOSENTADORIA

A palavra *aposentadoria* tem significados ambivalentes. Por um lado, pode se referir à alegria e à liberdade; por outro, remete a se retirar ou recolher-se aos aposentos, a abandono, a inatividade e a finitude.

Como aposentado, não sou obrigado a ministrar aulas e posso me dedicar somente à pesquisa, a qualquer outro trabalho ou a viajar. Os servidores do serviço público, até 2015, aposentavam-se compulsoriamente aos setenta anos, idade que alcancei em 2009. Esse ano foi memorável, pois alguns dos meus alunos organizaram um congresso internacional para celebrar a data. Convidados de vários países, e muitos dos meus alunos, apresentamos e discutimos ciência num hotel de sonhos em Itaparica, na Bahia. Além de desfrutar da ciência, do convívio e do lugar, lembro-me de uma intervenção de um dos cientistas estrangeiros que, por usar alguns resultados meus da década de 1970, se mostrou surpreso ao verificar que eu ainda estava vivo. Deve ser algo relacionado com o fato de que eu venho publicando trabalhos científicos desde 1965... e 2009 era um ano muito distante para este cientista ainda estar vivo!

Nesse mesmo ano, em 2009, Isaías Raw (1927-2022) continuou a pressionar para que eu assumisse uma posição no Instituto Butantan. Eu defini, algumas vezes, o Isaías como um herói brasileiro e, aqui, trago algumas frases de um artigo que escrevi no *Jornal da USP* quando ele faleceu[20]:

> O furacão Isaías revolucionou o Butantan e, em pouco tempo, o instituto podia se orgulhar de publicar artigos científicos de qualidade, seguidos por uma produção que tendia a fazer do Brasil um país onde vacinas e outros produtos imunobiológicos fossem produzidos com conhecimento e tecnologia autóctones"[21]. O que faz com que um homem tenha essa força criativa, uma capacidade de liderança ímpar e, ao mesmo tempo, uma resiliência capaz de ver parte da sua obra destruída e continuar formando gerações, construindo organizações e processos revolucionários? Claramente eu não tenho respostas para esta pergunta. Posso, contudo, observar as forças destrutivas que levaram ao fim tantos moinhos construídos pelo Quixote Isaías. Essas forças reacionárias e muitas vezes, covardes, incapazes de celebrar o novo, invejosas das revoluções pacíficas e criativas, não suportam a resiliência de um Isaías. Finalizo com a esperança de que as novas gerações, conhecendo os tantos heróis brasileiros, tenham a criatividade, coragem, força, resiliência e o destemor necessários para mudar e fazer, deste país, o que o Isaías Raw tentou fazer durante toda a sua vida.

Continuar resistindo ao apelo do Isaías, que ficou sabendo que eu tinha me aposentado da USP, foi difícil, especialmente porque o Instituto Butantan estava passando por uma crise e um ilustre colega e grande cientista, o Erney Plessmann de Camargo (1935-2023), associou-se ao pedido para que eu assumisse a direção técnica da Fundação Butantan.

---

20 Chaimovich H. Isaías Raw, um heroi brasileiro. *Jornal da USP*. https://jornal.usp.br/?p=595117. Publicado em: 19 dez. 2022. Acessado em: 19 dez. 2024.
21 Chaimovich H. Ciência, tecnologia e produção no Butantan. *Rev. USP*. 2011;(89):78-89. doi:10.11606/issn.2316-9036.v0i89p78-89.

Aventura e tensão são palavras tímidas para descrever as sensações sentidas depois de assumir essa posição e enfrentar as crises da época. As minhas experiências executivas anteriores não tinham me preparado para tomar decisões que podiam afetar a saúde de milhões de pessoas ou significativas perdas de recursos. Enfrentei tudo isso e, aprendendo com Isaías e com outros colegas, os acertos foram maiores que os erros, sem que nunca tenha sido responsável por acidentes que afetassem a saúde da população.

Saí do Butantan depois de quase dois anos de dedicação quase integral à Fundação e ao Instituto. Durante alguns meses, dediquei-me a tratar de um problema de saúde e, logo depois, fui contratado como assessor do diretor científico da Fapesp, outro período de intenso aprendizado.

Em várias ocasiões, a pergunta que se recusa a se calar é: qual o incentivo, e a utilidade desse novo aprendizado? Fiz essa pergunta, a mim mesmo, muitas vezes; mas não por isso deixei de continuar aprendendo.

Fiquei associado à Fapesp até fevereiro de 2015 quando, para minha surpresa, fui convidado a presidir o Conselho Nacional de Desenvolvimento Científico e Tecnológico, o CNPq. É difícil de esquecer o choque do telefonema, perguntando se eu toparia ser presidente do CNPq, na tarde de um sábado em que eu estava trabalhando num artigo científico para publicação.

Depois de alguns dias, de consultar a minha família (pois isso implicava morar em Brasília durante a semana) e de ouvir a opinião de alguns amigos da academia, resolvi aceitar a possibilidade de presidir o CNPq. Passaram-se algumas semanas entre o telefonema inicial, a conversa com o ministro de ciência e tecnologia e a nomeação para o cargo. Foi mais um aprendizado que me marcou profundamente e me permitiu conhecer os cientistas e intelectuais brasileiros no país todo. Assumi o posto no período em que o orçamento do CNPq começava a despencar e, a partir daí, a gestão não foi nada fácil. Mas, de novo, creio que já mais calejado, cometi bem menos erros e os acertos foram os possíveis, numa situação econômica periclitante. Depois de quase dois anos, outro problema de saúde levou-me a abdicar da presidência.

Voltei a trabalhar na Fapesp em 2017; dessa vez, como coordenador adjunto, posição que ocupei até 2022.

Nos anos que se seguiram à minha aposentadoria, continuei fazendo ciência, orientando e escrevendo trabalhos científicos. Claro que num ritmo bem mais devagar, e ocupando posições no Brasil e no exterior. As experiências como cientista e executivo de organizações me levam a opinar publicamente sobre política científica, ensino superior e alguns outros assuntos.

PARTE II

COMPROMISSO POLÍTICO

Minha carreira como cientista foi compartilhada, com intervalos, com meu compromisso político. Certamente, essa dupla militância diminuiu minha dedicação à criação em ciência, à orientação e à docência. O período como pesquisador nos Estados Unidos foi integralmente dedicado à investigação, e a primeira década passada no Brasil — pelo perigo que representava a um estrangeiro envolver-se em política — foi destinada à construção de um grupo de pesquisa e a atingir um emprego permanente na universidade.

Meu compromisso com o que chamo de "fazer político" me acompanha desde sempre; desde a minha participação no centro acadêmico da faculdade no Chile, e me levou a retomar essa atividade ainda durante a ditadura no Brasil, participando da diretoria da Associação de Docentes da Universidade de São Paulo (Adusp). A partir daí, tentei conciliar ciência e política, provavelmente com prejuízo às duas atividades, mas isso é parte de quem eu sou.

Talvez, na ingenuidade que ainda me acompanha, e desde a leitura de *Doutor Arrowsmith* na adolescência, ainda acredito que a construção de uma sociedade mais justa e socialmente desenvolvida requer ciência fundamental autóctone, educação científica e desenvolvimento tecnológico em empresas nacionais. Tentando colaborar nessa direção, além de me dedicar à produção acadêmica, ocupei uma série de posições executivas no Brasil e no exterior, dentro e fora da universidade.

A experiência dessa militância dupla me levou a acreditar que escrever sobre temas que continuo vivendo poderia ser relevante, pelo menos para alguns. Com esse objetivo em mente, comecei a reler o que tenho publicado, nas últimas décadas, em política científica e ensino superior.

Não pretendo descrever minha formação política que começa no colégio; prefiro relatar somente a prática que me levou, desde o segundo ano da faculdade, a pertencer à diretoria do centro acadêmico. Não lembro qual cargo ocupava, mas posso assegurar que a minha participação durou pouco menos de um ano e que a saída decorreu de uma briga ideológica característica das divisões da esquerda até hoje.

Essas divisões sempre me lembram das cenas de um filme do Monty Python, *A vida de Brian*[22]. Nessa película, duas organizações revolucionárias da Judeia que lutam contra a dominação romana digladiam-se, sob o sorridente olhar dos opressores. Lamentavelmente, essa cena em que organizações progressistas lutam entre si, esquecendo o inimigo comum, repete-se até hoje. Sempre pensando e discutindo política, afastei-me, durante décadas, das organizações.

Voltei a ter engajamento institucional, formal, bem mais tarde, na Adusp, fazendo parte da diretoria presidida por Ernesto Hamburger (1933-2018). A história da Adusp, desde a sua fundação, no fim da década de 1970, é de uma riqueza acadêmica e política ímpar. Das ações da Adusp nasceram, na Universidade de São Paulo, as reformas universitárias, o Instituto de Estudos Avançados (IEA), candidaturas (bem-sucedidas) a reitor, entre outras ações concretas e densas discussões acadêmicas. Passei a conhecer a universidade e muitos dos seus mais fortes atores nos anos de estimulante contato que a Adusp, dentro ou fora da diretoria, me proporcionou. Entretanto, o espírito acadêmico da associação modificou-se abrupta e agudamente em 1987, quando outro grupo político filiado ao Partido dos Trabalhadores (PT), além de transformar a associação numa seção sindical, mantém o poder até hoje.

Durante minha caminhada, considerando o doutorado, a livre-docência e o período como professor titular, em pouco

---

22 Jones T. *A vida de Brian* [Aventura/comédia]. Reino Unido: HandMade Films/Python (Monty) Pictures; 1979.

mais de cinco anos, fui conduzido à chefia do Departamento de Bioquímica, em 1985. Mantive posições executivas na Universidade quase até a minha aposentadoria, em 2009. Participar do Conselho Universitário me proporcionou uma visão mais ampla do pensamento do poder dentro da USP. Meu percurso como executivo acadêmico permitiu — além do prazer de acreditar estar colaborando para melhorar a universidade, e o Brasil, por consequência — experiências de vida e contatos humanos ímpares.

Na década de 1980, um chefe de departamento ocupava esse cargo durante quatro anos; por isso, deixei a posição em 1989. Tive de aprender a liderar um departamento que, nesse conturbado período, estava à procura de seu caminho. Cometi todos os erros, e mais alguns, de um cientista que aprendera a fazer política partidária e universitária, mas não tinha a experiência de um gestor de um complexo departamento de bioquímica num período de transição. O texto que distribuí ao fim de meu primeiro mandato, na chefia do Departamento de Bioquímica do Instituto de Química da USP, mostra, entre outras coisas, meu estilo, aponta a minha visão, apresenta alguma análise da época e — creio — descreve alguns problemas solucionados desde então. E outros que ainda são presentes.

CHEFE DE DEPARTAMENTO (1984-1988)

Reconheço que apenas sobrevivi àqueles anos na chefia. Em certos momentos, cheguei a pensar que não aguentaria. E esse *aguentar* refere-se a situações (às vezes, criadas por mim) em que a (minha) inexperiência ou a (minha) falta de análise da situação pareciam impedir soluções. No fim das contas, soluções sempre apareceram neste Departamento que, em geral, não possuía barreiras ideológicas (ou acadêmicas) intransponíveis. As posições individuais não são monotonamente idênticas; existe, sim, um conjunto de posições que, se bem conduzidas, sempre permitem acordos. Divido a reflexão em duas partes: uma trata de aspectos substantivos e outra, a partir de descrições pontuais, levanta questões concretas de encaminhamentos.

A ciência foi, durante séculos, produzida por indivíduos relativamente isolados. As estruturas acadêmicas, que eram (e continuam a ser) os lugares mais importantes de criação em ciência, refletiam tal fato. Essa forma de produção sofreu uma mudança substantiva nos últimos anos e a expansão industrial recente dos países desenvolvidos, baseada em tecnologia cada vez mais dependente de ciência, foi um forte motor da mudança.

O "jogo" consiste em que cientistas cedam o espaço para sistemas produtivos estruturados, para dar origem a conhecimento. Consequentemente, nos países desenvolvidos que usam ciência como mercadoria, a estrutura de universidades, institutos de pesquisa e centros de pesquisa empresariais se adapta a essa nova forma de produção. Essas mudanças estruturais, como tantas outras, não foram sequer percebidas nos países periféricos.

Em países subdesenvolvidos, a característica falta de harmonia é também evidente nas relações entre os centros dedicados à criação de ciência e as estruturas que os acolhem. As nossas universidades sabem lidar com cientistas isolados como símbolo de prestígio da instituição e, muitas vezes, são incapazes de gerenciar estruturas que se dedicam a produzir ciência. Contudo, uma organização dedicada à ciência impõe um peso insuportável às estruturas formais, que continuam sendo adequadas para modelos de produção que têm, pelo menos, oitenta anos. Essa defasagem entre estrutura produtiva e institucional pode até mesmo ser uma ferramenta de interpretações que ajude a entender a curta meia-vida de centros produtivos de pesquisa.

Essa aparente instabilidade, mais que uma característica brasileira, é uma marca de subdesenvolvimento — exemplos parecidos existem às dezenas na América Latina. Departamentos produtivos, enquanto compostos por uma somatória de pessoas, convivem com certo conforto na universidade. Conflitos são, com maior ou menor facilidade, resolvidos através de medidas individuais. Mas, quando surge a necessidade de uma estrutura interna própria, o conflito com a estrutura formal, que possui regras que não passam pela produção em ciência, é inevitável. A necessidade de uma organização formal, raramente percebida pela própria organização de pesquisa, aparece concretamente, no cotidiano. Assim, o conflito se estabelece entre uma estrutura formal com regras bem estabelecidas e outras estruturas que, embora produtivas, não se pensam como organizações.

Dentro das organizações informais, o embate produz conflitos (interpessoais) agudos, que geram queda de produção (que faz desaparecer o conflito real) ou forças centrífugas (que acabam por desagregar o grupo). As exceções à regra são interessantes. A descrição das exceções sempre passa pela constatação de que "o clima aqui parece semelhante a (e aqui vão os nomes dos nossos centros favoritos de pesquisa do Norte)". Notemos que, em geral, o elemento diferencial (clima) não se trata só do financiamento. Não tenho propostas concretas para a resolução do conflito central entre um grupo que precisa de uma estrutura condizente com o seu tempo e a instituição fora de fase. Contudo, me parece impossível sequer encaminhar uma tentativa de análise, se as estruturas que produzem não se pensam como organizações, isto é, os centros produtivos têm de pensar na sua organização interna. A reflexão organizacional conduz à formulação de objetivos para a organização. Cumpridas tais etapas, poderemos começar a pensar na natureza real dos conflitos e, se possível, elaborar estratégias para enfrentá-los.

Transportar essa análise para o departamento é fácil. O departamento não constitui uma organização, faltam-lhe estrutura interna e propósito explícito. Sem muito sucesso, tenho conduzido um processo de busca de valores corporativos que, se bem iniciado, está longe de estar pronto. Corporações demandam uma lealdade alguns degraus acima do interesse pessoal e um conjunto de valores (princípios), nascidos de uma prática e explicitados num acordo.

A passagem que leva um departamento constituído de um grupo de pessoas a uma organização não é trivial. Tentativas isoladas de organização, baseadas no conjunto da produção científica do departamento e num elemento integrador já foram conduzidas. O nosso impacto científico é bastante homogêneo. Esses dados reforçam (validam?) uma posição assumida por mim há tempos, e colocam uma responsabilidade especial sobre o departamento. Decidir assumir essa responsabilidade (ou não) é uma questão que cabe ao departamento.

O departamento faz bem em perguntar se uma performance foi reconhecida — e reconhecimento se entende, aqui, como uma vantagem que o privilegie diante de outras unidades ou a instituições que pleiteiam facilidades do mesmo tipo. A resposta é mista: sim e não.

O episódio BID-equipamento[23] foi bem-sucedido essencialmente devido a uma ação decidida de Walter Colli. O diretor teve que usar da sua influência pessoal para fazer valer uma produtividade que, apesar de pública, não estava sendo reconhecida na prática do jogo político. No BID-Pessoal e Fapesp-Projeto Especial, o reconhecimento veio de forma diferente; verdade ou não, apresentou-se um Plano Departamental de Desenvolvimento. Foi fácil defender essa posição perante as assessorias nacional e internacional. As parcelas recebidas pelo departamento foram fruto do reconhecimento não somente da nossa produção somada, mas também da existência (ainda que aparente) de uma organização interna que se pensa como tal e, portanto, é capaz de formular uma estratégia organizacional.

Algumas tensões internas acompanham tentativas de organização. Um problema evidente é a falta de comunicação interna. A falta de comunicação (crítica) interna contribui muito para a falta de organização e eficiência. Pela experiência recente, o aumento de viagens ao exterior nada fez para aumentar a fluidez dessa comunicação. O nosso isolamento, que não vejo como condição passageira, pode ser compensado, em parte, por uma comunicação interna de nível tão profissional quanto as nossas diferenças de campo permitam. Quanto ao impacto de um aumento de comunicação interna sobre o nível dos pós-graduados... só vale pensar quando (e se) essa mudança se concretizar.

Outra questão que atravanca a coesão trata da (nossa) atitude ambivalente quanto a grupos de pesquisa. Acredito que, em países como o nosso, modelos de trabalho devam ser repensados — se não para inovar, pelo menos para vê-los como modelos distintos. O grupo composto de um pesquisador "sênior", com seus pós-doutorandos, estudantes de pós-graduação e técnicos

---

23 Este programa, negociado durante a atuação como reitor de José Goldemberg, foi financiado por um empréstimo do Banco Interamericano de Desenvolvimento (BID) e resultou num aporte de 60 milhões de dólares à USP. Com esses recursos, a USP modernizou o parque de equipamentos e apoiou a internacionalização do corpo docente.

não é, a meu ver, o único possível. Prefiro pensar que outros modelos possam ter espaço.

A dificuldade de se manter grupos de pesquisa com mais docentes, além de outros problemas, passa por uma definição clara de independência. É isso, e não o fato de pertencer a grupos grandes ou pequenos, que temos dificuldade de avaliar. Por incrível que pareça, essa dificuldade de avaliação gerou forças centrífugas que contribuíram para destruir grupos e determinar, como única alternativa, o modelo do "sênior". Bem sei que esse último modelo funciona, mas questiono a sua importância como pressão seletiva ou modelo ideal. A nossa realidade também dá espaço para grupos maiores, reunidos de diversas maneiras. Julguemos, sim, a independência, mas vamos deixar modelos alternativos crescerem; especialmente porque podem vir a ser mais adequados a nosso subdesenvolvimento. Creio que todos sabem que independência se refere a um conjunto de indicadores, como estudantes sob orientação, linha de pesquisa reconhecida como tal por outros (e, assim, financiada) e publicações — e não ao tamanho do grupo.

Uma característica que também considero vinculada ao problema da organização refere-se à infraestrutura do departamento, ultrapassada enquanto unidade de pesquisa. Não estou me referindo somente à energia elétrica e à qualidade da água; tem cupim nas bancadas. Água? Gás? Nitrogênio e vácuo? Tem de ter canos expostos e coloridos; ninguém deveria pipetar com a boca (em tempos de retrovírus, oncogenes etc.). Terminais de computador deveriam dar acesso a informações, e não ser unicamente sofisticadas máquinas de escrever. Parágrafo especial para os etcéteras. Acredito que, neste momento, o investimento em infraestrutura deveria ser prioritário. Esse investimento será conduzido (solicitado e investido) com facilidade, se o departamento assumir claramente a sua natureza corporativa. De outra forma, os conflitos internos, que podem ter início desde a formulação do projeto, podem inviabilizar até o pedido. A falta de infraestrutura adequada se reflete também num investimento de tempo desproporcional ao resultado, em questões que nada têm a ver com criação acadêmica. Assim, perante o (nosso) escasso tempo, deveres legítimos, como o ensino, passam a constituir encargos enormes, embora consumam uma parcela pequena do tempo total.

O departamento tem cumprido honesta e profissionalmente com sua obrigação didática na graduação. Nada além, mas também nada aquém. Posições individuais, explícitas ou não, se insurgem contra "a manutenção do *status quo*". O fato de que esse venha sendo mantido há mais de dez anos mostra quão divergentes são as posições insurgentes. Eu acredito que o sistema de ensino na graduação pode sofrer uma mudança radical, refletindo o propósito do departamento. A grande maioria dos docentes do departamento cumpre com as suas obrigações quando ensina na graduação. Outros criam ensinando. E poucos atrapalham.

Minorias ou sentimentos coletivos de culpa não podem condicionar políticas. Devem-se, por outro lado, garantir espaços para iniciativas, se essas contarem com uma força (grupo de docentes) que lhes garanta espaço independente. O ensino de graduação pode, por exemplo, e sem cair na exploração, aproveitar da vontade dos alunos de pós-graduação do departamento. Vários mecanismos (legais e legítimos) possibilitariam a premiação desse esforço, que vejo voluntário. Basta uns 40% de voluntários, para dobrarmos o quadro docente do departamento. A diminuição da carga didática dos cursos hoje regulares poderia criar condições para elevarmos o nível da graduação a um patamar comparável a nosso desempenho em pesquisa.

Contratações constituem outro capítulo dessa experiência. O tema causa celeumas profundas no departamento e tem sido motivo de crises, cuja periodicidade se confunde com a dos concursos. Vários condicionantes forçam esses conflitos periódicos.

Boa parte deles cai em dois grupos: os que se referem à falta de espaço e os que tocam à falta de estrutura interna e propósito. Como divisão de espaço precisa de um propósito, acredito que os condicionantes, também nesse caso, constituam sintomas da falta de organização. Decisões sobre contratações, muitas vezes, devem ser feitas num prazo curto. Decisões rápidas são possíveis em qualquer organização com estrutura e propósitos claros. Essa rapidez pode significar a diferença entre a contratação de um pesquisador essencial para o desenvolvimento do departamento e a realização de mais um concurso formal que nunca deixa todos realmente satisfeitos.

Apesar de tudo, o departamento não costuma errar. O mesmo departamento tem de ter a consciência de seu direito de cometer erros, e de que existem mecanismos acadêmicos que permitem sua correção.

Depois de quatro anos, foi possível ter uma ideia sobre as relações entre o instituto e o departamento. Uma definição curta: falta de clareza. Isto é, os limites das relações estão longe de serem institucionais, sendo quase estritamente pessoais. O traço cultural que permite esse tipo de relação só é aceitável quando o sistema de produção é amador ou autoritário. Não estou dizendo que seja, ou tenha sido; contudo, por não ser claro, tem o potencial de sê-lo. Os limites deveriam — e poderiam — ser extremamente claros e definidos. Assim, qualquer decisão de competência departamental poderia ser feita no âmbito exclusivo do Conselho do Departamento.

Essa análise é especialmente crítica quando se trata de distribuição de recursos; sejam esses, funcionários, computadores ou qualquer outra "facilidade" que afete as condições de trabalho. Assim, vejo a Congregação como o órgão natural para dirimir conflitos e traçar políticas conjuntas entre os departamentos, e o diretor como o executivo dessas políticas, com toda a liberdade e discrição.

UM NOVO CURSO DE GRADUAÇÃO

Logo que deixei a chefia do Departamento de Bioquímica do Instituto de Química da USP, Erney Plessman Camargo (1934-2023), na época pró-reitor de pesquisa da universidade, convidou-me para participar de um grupo de docentes que estruturava uma ideia do então reitor Roberto Lobo sobre um novo curso de graduação que tivesse, como foco, formar cientistas.

Após participar da concepção e implantação do curso de Ciências Moleculares (CECM)[24], na USP, tornei-me o primeiro coordenador dessa iniciativa revolucionária de graduação. Revolucionária porque, apesar de sua pequena escala, constituiu uma experiência progressista numa universidade conservadora; objeto de intenso interesse pela imprensa da época (eu nunca tinha tido tanta exposição pública ao explicar as características e ambições do curso). Desde o início, o CECM se caracterizou por recrutar exclusivamente alunos matriculados em qualquer curso da USP. Estruturado em dois ciclos, os primeiros dois anos foram (como ainda são) dedicados a aprendizado de línguas: matemática, química, física e biologia. O currículo nos dois anos seguintes é flexível: o aluno e seu tutor elaboram um currículo, um programa de pesquisa e designam um orientador. O currículo pode incluir disciplinas de graduação e pós-graduação em qualquer unidade da USP. O CECM, além do sucesso dos alunos ali formados, continua sendo um modelo que inspira experiências similares na USP e em outras universidades do Brasil. Desde que a matrícula no curso de origem do aluno seja mantida por quatro anos, ele pode voltar ao curso de graduação de onde provinha, em qualquer momento, ou seguir a sua

---

24 Para uma visão atual da estrutura e outras características do CECM, ver: https://cecm.usp.br. Acessado em: 9 dez. 2024.

formação acadêmica na pós-graduação. Muitos dos graduados pelo CECM são profissionais muito bem-sucedidos, dentro e fora da academia, no Brasil e no exterior.

PRÓ-REITOR DE PESQUISA DA USP

Por motivos que ainda hoje não são claros para mim, fui convidado, em 1997, pelo recém-eleito reitor da USP, Jacques Marcovitch, para ocupar a posição de pró-reitor de pesquisa da USP, posição que mantive até 2001. Foram anos intensos, em que as responsabilidades como cientista, orientador e executivo se somavam. Ocupar a Pró-Reitoria da Universidade de São Paulo foi um privilégio imenso para quem queria compreender como funciona uma universidade desse tamanho e excelência. Ao mesmo tempo, a participação no colegiado de pesquisa e o contato com todas as unidades da USP forneceram uma imensa bagagem de informação e permitiram conhecer uma infinidade de pessoas. Acompanhado pelo pró-reitor substituto, Prof. Dr. Raul Machado, implantamos alguns programas que até hoje merecem destaque.

Um desses programas, que denominamos pró-Contes, associa, até hoje, a contratação de técnicos especializados à existência de programas de pesquisa com financiamento. Trata-se, assim, de uma contrapartida que a universidade oferece a pesquisadores que, por estarem desenvolvendo investigação na fronteira do conhecimento, são reconhecidos por fontes de financiamento externas à universidade. O pró-Contes também apoia, hoje, centrais de serviços de pesquisa que atendem a toda a universidade.

Aproveitando que o orçamento da pró-reitoria nesse período foi razoável, desenvolvemos um programa de internacionalização que premiava, com uma viagem ao exterior, os dez alunos de destaque nos simpósios de iniciação científica da universidade. Mantivemos o financiamento emergencial aos grupos de pesquisa que passavam por dificuldades de financiamento.

Com transparência, usando publicações, definimos a qualidade de "universidade de pesquisa" para a USP.

Terminando este capítulo, reconheço que devo toda minha ação como pró-reitor tanto à excelência de Raul, como à do Conselho de Pesquisa da época, que souberam me acompanhar, com o devido cuidado de manter sempre aceso o espírito crítico, e impor limites a meu entusiasmo.

UMA PEQUENA PAUSA E NOVOS DESAFIOS

Durante o tempo em que ocupei a pró-reitoria da USP, creio haver conhecido quase todas as unidades que compõem essa universidade. Em algum momento de 2001, pensei que minha vivência, aliada a essa experiência, me permitia pensar numa candidatura a reitor.

O processo que culmina na posse do reitor da USP é composto por etapas que se iniciam, formalmente, no meio do ano em que termina o mandato (de quatro anos) do professor titular que ocupa a reitoria. Iniciei as sondagens que, em tese, deveriam me informar se a minha candidatura era viável no começo daquele ano; esquecendo, é claro, que, para muitos, o apoio ou o estímulo para me tornar candidato eram simplesmente amostras de apreço pessoal ou de bons costumes. E assim fui levando a minha candidatura a sério, no decorrer do ano. Com o apoio de um grupo de colegas que, de fato, acreditava que eu podia ser o reitor da USP, fomos elaborando um Programa de Governança. Ainda tenho cópias de um documento que resumia muitas das propostas que ainda formam parte daquilo que eu acredito que seja uma universidade de classe mundial. Expus as propostas do programa em quase todos os campi da USP durante o segundo semestre de 2011.

A eleição do Colegiado Acadêmico me deixou fora da lista tríplice a ser apresentada ao governador para a nomeação como reitor.

Logo depois recebi uma centena de cartas e e-mails que lamentavam eu ter ficado fora da lista e elogiavam as minhas propostas. Creio haver aprendido, com mais essa experiência, e reforçado minha posição (que pode ser taxada de conservadora) frontalmente contra a escolha de um reitor de universidade de pesquisa por eleição. Não é assim nas melhores universidades do mundo e não tem por que ser assim no Brasil. Na verdade, o peso corporativo e político-partidário faz com que propostas como a minha sejam politicamente difíceis hoje e no futuro imediato.

Depois de vivenciar a malsucedida tentativa de ser eleito reitor da USP, tirei as primeiras férias de um mês em décadas. Fui para o Chile com Iolanda e lá passamos dias deliciosos, alguns com a minha família e outros, sozinhos, passeando por lugares encantadores. Essas férias serviram como bálsamo, que afastou a frustração e me deu forças para enfrentar outra campanha política. Dessa vez, fui bem-sucedido, eleito e nomeado diretor do Instituto de Química da USP, em 2002.

Ocupei o cargo até 2006 e esse período foi um dos tempos felizes da minha vida acadêmica. Posso dizer que, em vez de me queixar do fardo e das agruras da responsabilidade (como se queixam alguns diretores), aprendi a lidar com alunos, docentes e funcionários de uma forma que creio criativa — e essas relações me enriqueceram. Digo isso com tranquilidade, pois quase vinte anos depois ainda recebo alguns cumprimentos carinhosos dos que ainda estão no IQUSP. Descobri, sem muita surpresa, que colegas que viviam há décadas no IQUSP nunca tinham se encontrado para bater um papo. Num tempo em que bebidas alcoólicas não eram ainda proibidas dentro do campus da USP, organizei encontros quinzenais de grupos de docentes na sala do diretor, nos quais, com o patrocínio da "Fundação Chaimovich", salgadinhos, gelo, uísque, vinho tinto, refrigerantes e água eram oferecidos. Em cada um desses encontros, um docente apresentava, durante vinte minutos, sem usar transparências ou slides, sua linha de pesquisa. E, durante a hora e meia seguinte, discutíamos ciência e, claro, as fofocas da convivência diária. Meu foco, durante todo esse período, foi centrado no esforço de criar condições para aumentar o diálogo interno e para construir projetos de ciência, ensino e difusão que fossem institucionais. Creio que os projetos que deram certo foram maiores do que os que fracassaram por falta de diálogo ou recursos adicionais. Os trabalhos científicos publicados nesse intervalo podem dar testemunhos de que não deixei que a carga executiva interferisse demais na minha contribuição ao grupo de pesquisa.

Ainda no fim do século passado, passei a integrar a diretoria da Academia Brasileira de Ciências. Essa função me permitiu, além de conhecer e trabalhar com um conjunto notável de pessoas, estabelecer contato com outras organizações internacionais de ciência. Até então, as minhas relações anteriores se reduziam à Organização de Estados Americanos (OEA). Num desses encontros, fortuitos e inesperados, o cientista que deveria representar o Brasil no International Council for Science (ICSU)[25] ficou doente e eu fui eleito para a diretoria do ICSU. Meus contatos internacionais se ampliaram explosivamente, e tive o privilégio (mais um, claro) de conviver com gente maravilhosa de todos os cantos do mundo.

Na sede da OEA, em Washington, havia uma proposta de estruturação de um grupo de acadêmicos para assessorar a organização. A OEA, contudo, excluía Cuba desde 1962, e me pareceu que a mais antiga Academia de Ciências das Américas não podia ser excluída de um fórum interamericano de ciência[26]. Estimulado a encontrar uma solução, fiz uma proposta de criar uma Rede Interamericana de Academias de Ciências — proposta aceita, que resultou na criação da InterAmerican Network of Academies of Science (Ianas), organização que presidi até 2010.

---

25 Hoje integrado ao International Science Council. Disponível em: https://council.science/. Acessado em: 9 dez. 2024.
26 Cuba foi desligada da OEA como Estado Membro em 1962, teve sua posição revertida em 2009, mas ainda não aceita pelo governo cubano.

Logo depois de minha aposentadoria compulsória, em 2009, ingressei na Fundação Butantan como superintendente, por convite (pressão) de Isaías Raw, mantendo a condição de docente no Instituto de Química. A minha saída do Butantan me levou a outra aventura, dessa vez na Fapesp, onde servi até 2020, com um intervalo durante o qual ocupei a presidência do CNPq.

POLÍTICA CIENTÍFICA, UMA DEFINIÇÃO

Palavras muito usadas possuem, às vezes, acepções distintas e, por isso, vale a pena refletir sobre o sentido da expressão *política científica*[27], pois esses termos caracterizam o drama em que vivem muitos cientistas brasileiros. Uma reflexão sobre seu significado permite que possamos nos comunicar, evitando bate-bocas improdutivos.

A política científica se preocupa com a alocação de recursos para a produção da ciência, procurando atingir o objetivo de melhor servir ao interesse público. Definida dessa forma, é evidente que, neste texto, a expressão política científica seja identificada com o papel do Estado na promoção da ciência.

Os tópicos da política científica incluem:

a) o financiamento da ciência;
b) o financiamento da formação de pessoal para a ciência;
c) o financiamento das carreiras de cientistas;
d) a tradução de descobertas científicas em inovações tecnológicas, para promover o desenvolvimento de produtos comerciais;
e) a tradução de descobertas científicas para a competitividade e o crescimento econômico;
f) a tradução de descobertas científicas para o desenvolvimento econômico com equidade social.

A política científica enfoca a produção de conhecimento e o papel das redes de conhecimento, as colaborações e as complexas distribuições de conhecimento, equipamento e *know-how*.

---

27 Esta definição foi inicialmente publicada num blog do jornal *O Globo*. Disponível em: https://blogs.oglobo.globo.com/ciencia-matematica/post/politica-cientifica.html. Publicado em: 22 abr. 2019. Acessado em: 9 dez. 2024.

Entender os processos e o contexto organizacional de ideias inovadoras de ciência e engenharia é também uma preocupação central da política científica. A política científica também lida com todo o domínio de questões que envolvem a ciência. Uma grande e complexa teia de atores e fatores influencia o desenvolvimento da ciência e da engenharia. Essa teia inclui formuladores de políticas governamentais, empresas privadas (incluindo empresas nacionais e multinacionais), movimentos sociais, mídia, organizações não governamentais, universidades e outras instituições de pesquisa.

Além disso, a política científica é cada vez mais internacional, conforme definido pelas operações globais de empresas e instituições de pesquisa, bem como pelas redes colaborativas de organizações não governamentais e pela natureza da própria investigação científica.

É claro que política científica é bem mais que reflexão/ação sobre financiamento. Inclusive porque ciência para política é, especialmente hoje, um imperativo, onde a comunidade científica tem um papel insubstituível. Temas como: terra plana, importância da vacinação, terapias alternativas, distribuição de regimes tributários, entre outros, requerem a decidida participação dos cientistas na formulação de políticas científicas e no debate social sobre esses temas.

Já que o tema a ser debatido é intrincado, introduzo somente duas dimensões das políticas científicas — pesquisa fundamental e missões para pesquisa — a fim de mostrar a sua complexidade.

Como lidar com a aparente tensão entre pesquisa básica, suas aplicações e implicações, quando se pensa em política científica?

Inicialmente, é conveniente usar algumas definições sobre os componentes de Pesquisa e Desenvolvimento (P&D). Essa área compreende pesquisa básica (criar novos conhecimentos sem necessariamente visar a uma aplicação específica), pesquisa aplicada (criar novos conhecimentos, visando a um objetivo prático específico) e desenvolvimento experimental (de novos produtos ou processos).

Se as aplicações e as implicações, às vezes, são aparentes e resultam fáceis de justificar, o termo *pesquisa básica* é, muitas vezes, mal definido: "pesquisa celeste" (péssima tradução de *blue sky research*); pesquisa de descoberta; pesquisa não orientada, pesquisa de fronteira; pesquisa fundamental. Pode ter nomes diferentes, mas há elementos constantes na pesquisa básica: a pergunta surge a partir da curiosidade de um pesquisador e o resultado é inerentemente imprevisível. Se os resultados e/ou os impactos da pergunta são inteiramente previsíveis, não vale a pena fazer a reflexão ou o experimento.

A importância da ciência básica é tão evidente, que não vou aqui me estender sobre isso. Basta dizer que, nos países desenvolvidos, apesar das pressões por desenvolver políticas científicas que privilegiem somente aplicações, as porcentagens de investimento exclusivo para pesquisa básica vêm se mantendo e, em muitos países, aumentando. Em média, os 35 membros da Organização de Cooperação Econômica para o Desenvolvimento (OECD) dedicam 17% de seus orçamentos de pesquisa a pesquisa básica (*OECD Science, Technology and Industry Scoreboard*, 2017). Em todos esses países, o Estado é o principal financiador da pesquisa básica, devido à necessidade de investimento contínuo a longo prazo. Pesquisa básica ajuda a se adaptar a um mercado em rápida evolução e a sua força é essencial para qualquer país que deseje continuar produzindo tecnologias de fronteira em mercados em rápida evolução. Se isso é óbvio para países desenvolvidos, não é evidente para países com desenvolvimento menor. Muitas vezes, no mundo em desenvolvimento, falta visão quanto à possibilidade de enfrentar diferentes classes de desafios criando ciência básica.

Políticas científicas também podem ser orientadas para missão, definidas como políticas públicas sistêmicas, baseadas em geração de conhecimento de fronteira, para atingir objetivos específicos, em cronogramas bem definidos, com gestão centralizada e grande liberdade na execução. Missões se dirigem à solução de grandes problemas sociais. As missões fornecem uma solução, uma oportunidade e uma abordagem para enfrentar os inúmeros desafios que as pessoas enfrentam nas suas vidas diárias. Por exemplo:

a) ter ar limpo para respirar nas cidades;
b) viver uma vida saudável e independente, em todas as idades;
c) ter acesso a tecnologias digitais que melhorem os serviços públicos;
d) ter tratamento melhor e mais barato de doenças como câncer ou obesidade;
e) enfrentar o déficit habitacional.

As missões requerem direção clara e propostas de soluções que se originam dos interessados, para engajar a pesquisa e a inovação, no enfrentamento desses desafios. O debate sobre a direcionalidade deve envolver uma ampla gama de partes interessadas, cada uma contribuindo para as questões-chave: "Quais são os principais desafios que a sociedade enfrenta? Como as missões concretas podem ajudar a resolver esses desafios? Como as missões podem ser mais bem projetadas para possibilitar a participação de diferentes atores e como organizar a pesquisa, de baixo para cima, e a inovação, em todo o sistema?".

Reflexões semânticas, como essas, podem ajudar a planejar, estrategicamente, um futuro em que as condições necessárias para ser um cientista, numa instituição pública, sejam melhores do que as atuais.

CIÊNCIA E TECNOLOGIA

Cada vez que o Congresso Nacional, aqui ou alhures, discute a Lei de Diretrizes Orçamentárias (LDA), ou um tema sob outra sigla, o conjunto de interesses é amplo, os recursos são usualmente escassos e, portanto, as decisões devem ser tomadas considerando-se a legitimidade dos interesses envolvidos. Tem-se aí uma oportunidade para o Legislativo agir de acordo com o interesse da nação.

Quanto e como investir em ciência, tecnologia e inovação costuma provocar tensão interna no setor público e no privado. No setor público, a tensão se estabelece entre os ministérios que investem em Ciência, Tecnologia e Inovação (CT&I) e os que cuidam de outros interesses, em especial Orçamento e Fazenda. No setor privado, tensão similar aparece entre os setores financeiros e de desenvolvimento.

Alguns países e empresas têm conseguido diálogos produtivos entre aqueles que decidem investimento e os que desenvolvem ciência, tecnologia e inovação. Existem evidências que mostram que países e empresas que mantêm e/ou aumentam investimentos em CT&I, em períodos de crise econômica, saem dela mais rapidamente e mais fortalecidos. Estados Unidos e China constituem exemplos recentes, mas nem todo mundo consegue ver.

Alcançar um diálogo produtivo é difícil quando se utilizam posições ideológicas. Até dados objetivos podem ser usados a favor, ou contra, quando se trata de defender um conceito preexistente (também conhecido como preconceito). Por exemplo, a defesa do investimento em ciência fundamental, feita pelos cientistas, usa argumentos como "nosso país tem se destacado crescentemente pela qualidade da ciência produzida, como demonstram os recentes dados da prestigiosa revista *Nature* e, portanto, o investimento...". Esse argumento, do ponto de vista da comunidade científica internacional é, aliás, extremamente forte. Porém, se o interlocutor é um hipotético Ministro dos Dinheiros, o mesmo argumento pode ser interpretado de forma distinta: "Lá vem de novo essa comunidade corporativa, que se interessa muito mais pela opinião de uma revista estrangeira do que pelo destino de nosso país ou pela diminuição do déficit fiscal".

O estabelecimento de canais de diálogo efetivos requer linguagem comum que se adapte e compreenda, sobretudo, os preconceitos de parte a parte. Um dos componentes desses canais é a transformação da linguagem baseada em resultados para outra, sustentada pelos impactos causados pela ciência e tecnologia. Tais impactos, em discussão no mundo todo, incluem resultados intelectuais, sociais e econômicos.

O impacto intelectual abarca ideias que produzem novas ideias, ideias que fazem a humanidade mais sábia e ideias que permitem formar geradores de ideias. O impacto social, por sua vez, está essencialmente focado em ideias que afetam políticas públicas, enquanto o impacto econômico compreende ideias que criam empresas e geram empregos, ideias que aumentam a competitividade dessas empresas — e geram ainda mais empregos — e ideias que criam setores industriais.

A comunidade internacional, na Organização para a Cooperação e Desenvolvimento Econômico (OCDE), na Organização das Nações Unidas (ONU), na Organização das Nações Unidas para a Educação, a Ciência e a Cultura (Unesco), no Banco Mundial ou em agências de financiamento, tem discutido a avaliação desses impactos, de forma a permitir que os setores público e privado possam planejar mais racionalmente seus investimentos.

Os setores públicos ou privados que tratam das finanças gostariam de ter, como argumento central de diálogo com os setores que desenvolvem CT&I, a valoração ou "precificação" dos impactos do investimento em CT&I. Algumas empresas já conseguem fazer isso com certo sucesso, mas no setor público esse tema ainda é raramente considerado. A mensuração da efetividade do investimento em CT&I é um tema internacionalmente controverso, apesar do consenso em torno de sua importância e da constatação de que uma melhoria incremental das velas jamais teria conduzido à produção de lâmpadas elétricas.

No Brasil, não existem estudos sistemáticos que possam quantificar o resultado do investimento em CT&I na atividade econômica. Contudo, estudo recente demonstrou que

> entre 1970 e 2014 a agricultura paulista obteve um ganho de produtividade total de 2,62% ao ano por fatores não relacionados ao aumento da quantidade de insumos usados, conhecido em Economia como Produtividade Total dos Fatores de Produção (PTF). E que a partir de 1994 o ganho de produtividade do setor foi maior, atingindo 3,18% ao ano[28].

Um dos pesquisadores responsáveis por esse estudo, Paulo Fernando Cidade de Araújo (1932-2016), afirma que "utilizando a mesma quantidade de insumos que usava em anos anteriores, o setor agropecuário paulista passou a produzir muito mais em razão de uma combinação de fatores, como os investimentos públicos em pesquisa, ensino superior e extensão rural". E conclui que "cada R$1 investido com recursos públicos em pesquisa, educação superior e transferência de conhecimento (extensão rural) na agropecuária paulista resulta em um retorno de R$10 a R$12 para a economia do estado".

Existem claros exemplos de sucesso da aplicação de ciência e/ou tecnologia brasileiras, evidenciados no desenvolvimento da vacina contra hepatite B ou no desenvolvimento de soros

---

28 Araujo PFC, Nicolella AC, orgs. *Contribuição da Fapesp ao desenvolvimento da agricultura do estado de São Paulo*. São Paulo, SP: Fapesp; 2018. https://centrodememoria.fapesp.br/wp-content/uploads/2023/12/Contribuicao-da-Fapesp-ao-desenvolvimento-da-agricultura-do-Estado-de-Sao-Paulo.pdf. Acessado em: 9 dez. 2024.

antiofídicos, na atuação da Embraer e da Petrobras, mais especificamente em torno do pré-sal, nos avanços obtidos com a produção de soja, proteína animal e no fato de que o país formou gerações capazes de formular boas ideias. Crescem as ideias brasileiras que vêm contribuindo, em todo o mundo, para a formulação de novas ideias. Não são poucas as ideias que têm modificado políticas públicas e contribuem para fazer o país mais justo.

É necessário mensurar o valor desse imenso conjunto de impactos e resultados obtidos pela ciência, para demonstrar a ministros da área econômica e a parlamentares que, sem investimento adequado em CT&I, o Brasil não tem futuro.

Continuar no nível de investimento público e privado equivalente a cerca de 1% do Produto Interno Bruto (PIB), seguir contingenciando o investimento em CT&I e não ampliar o nível do orçamento da principal agência de fomento à pesquisa científica do país, o CNPq, somente poderá manter o país no estado econômico-social atual. Ou seja, sem nenhuma esperança de mudança.

UM CONTO DE FADAS BEM PERVERSO[29]

Os contos infantis escondem tragédias que nem sempre alegram a vida das crianças. Um exemplo típico é o conto da Chapeuzinho Vermelho, em que aparecem personagens bons, ingênuos e pouco espertos, como a Chapeuzinho; mentirosos assassinos, como é o caso do Lobo Mau; vítimas inocentes, como a Vovozinha; e heróis violentos, como o Caçador — que, depois de matar o Lobo Mau, resgata a Chapeuzinho Vermelho dos interiores do lobo desmembrado. Essa história tem correlatos, com tragédias e personagens comparáveis e, provavelmente, origens comuns, que se escondem em fenômenos psicológicos compartilhados pela nossa espécie. É por isso que descrevo uma tragédia na forma de um conto.

No universo infinito (ou não) existe, num dos milhares de sistemas planetários descobertos, um sistema onde o Sol central tem, a seu redor, entre outros, um planeta chamado Terra. Nesse planeta, há algum tempo, existe um país que descobriu como usar ciência, tecnologia e investimento para se transformar, de um consumidor de soja, em um dos maiores produtores desse grão. Pouco antes, tinha descoberto que álcool podia ser um combustível de preferência para impulsar os carros; de novo, apoiado, em boa parte, por ciência feita nesse país. Nesse país, já na década de 1980, existiam vários exemplos de iniciativas sociais e economicamente bem-sucedidas, usando ciência nacional e ciência traduzida por cientistas locais para o benefício de todos. Inclusive, na década seguinte, por iniciativa de cientistas, criou-se o Sistema Único de Saúde (SUS), que foi a inveja de muitos países mais desenvolvidos.

---

[29] Chaimovich H. Da criação à destruição de um sistema de C&T&I, um conto infausto. *Jornal da USP*. https://jornal.usp.br/?p=410852. Publicado em: 30 abr. 2021. Acessado em: 9 dez. 2024.

Os cientistas que permitiram que esse país tropical ocupasse um lugar de destaque no cenário mundial da produção de alimentos, dos carros movidos a álcool e da saúde pública formavam parte de um pequeno grupo de pessoas; em sua maioria, professores de universidades ou institutos públicos. Com o tempo, foram acompanhados por alguns que trabalhavam em centros privados de pesquisa em vegetais e animais. O país também contava com cientistas em outras áreas que nada tinham a ver com plantas ou animais. Eram também poucos, mas criavam conhecimento universal em muitas áreas do saber. Existiam também humanistas e artistas, acadêmicos e outros vinculados a instituições de reflexão, públicas e privadas.

Todo esse universo de gente criativa era apoiado por algumas instituições públicas que, com algumas raras exceções, pouca importância recebia dos governantes do país.

Eis que, quase por acaso, e sem os governantes perceberem, foram surgindo iniciativas e instituições que começaram a mudar o panorama. Provavelmente aconteceu, como contam as boas bruxas, porque instituições de apoio à pesquisa e inovação foram surgindo aos poucos e separadamente. Mas, de alguma forma não planejada, e certamente misteriosa, foi surgindo um sistema descentralizado de apoio à pesquisa e à inovação. O sistema era complexo e foi, enquanto existiu, um exemplo para muitos países da Terra. Os elementos desse sistema eram variados, e isso permitiria formular projetos integrados para beneficiar toda a sociedade brasileira — mas nunca foram sequer formulados.

Vale a pena, como em qualquer conto, descrever os componentes do sistema. Mas, à diferença dos contos infantis, não se encontram, aqui, as descrições dos príncipes, princesas ou lobos maus. O conjunto de mecanismos e sistemas era constituído por diversas siglas que precisam ser explicadas, até para as crianças entenderem: CNPq, Capes, Finep, FAPs, FS, dentre outros. Essa sopa de letrinhas permitiu que esse país tropical, nesse planeta insignificante chamado Terra, ficasse, por alguns poucos anos, à beira de se tornar um gigante pela sua própria natureza. Para contar direito tem de explicar; e, assim, começo.

Era uma vez, há algumas décadas, alguém que se deu conta, nesse estranho país, de que, para entender o que estava acontecendo com o poder demonstrado pelas bombas atômicas, precisava-se de cientistas que fizessem ciência. Somente assim poder-se-ia colaborar com conhecimento e, sobretudo, entender o que estava acontecendo alhures, no mundo da ciência atômica. E mais: esse ser criativo compreendeu que mulheres e homens de ciência não eram nem eternos nem sacerdotes. Assim, precisavam de salários que não os tornassem miseráveis, precisavam de financiamento para as pesquisas e de um sistema de bolsas, para que jovens pudessem receber estímulo para se tornarem cientistas e ocuparem o lugar dos que se retiravam por não poderem mais contribuir. E, assim, nasceu o CNPq.

O CNPq era a casa dos cientistas, lugar mágico onde se analisavam propostas de pesquisa, se investiam recursos nos projetos de qualidade, se davam bolsas a pesquisadores de reconhecida competência e se apoiavam os jovens que, crescentemente, desejavam conhecer o desconhecido. Porque repetir o que se sabe ou predizer claramente o resultado não é pesquisa; nem tem graça. Todo ano, o CNPq recebia, dos impostos pagos pelo povo, uma certa quantidade de recursos, repartida pelo país todo, que permitia a formação de um número crescente de jovens e o apoio a projetos de muitos cientistas. Nos últimos anos, uma perversa concepção, que não entende o papel do CNPq, tem, sistematicamente, diminuído a fonte privativa de receita, o orçamento da instituição. Em particular, no ano em que eu conto este conto, um lobo muito perverso assinala com um corte de orçamento que pode prenunciar a morte da instituição.

A Coordenação de Aperfeiçoamento de Pessoal de Nível Superior (Capes) data da metade do século XX. Um educador visionário, com sólida formação no exterior, acreditou que, para ensinar, precisava aprender. E que os docentes das universidades deviam, portanto, se aperfeiçoar, a fim de formarem profissionais e cientistas que soubessem aprender continuamente o que se estava criando no Brasil e no mundo. À Capes, desde 1981, cabia elaborar, avaliar, acompanhar e coordenar as atividades relativas ao ensino superior, em especial os programas de mestrado e doutorado. A Capes era uma organização muito peculiar, pois, enquanto assegurava a qualidade dos programas que formavam mestres e doutores em todas as artes do conhecimento, fornecia recursos para os jovens que obtinham essa formação. Mas eis que, no meio do caminho (1990), aparece um lobo mau, ou um ogro demolidor que, com uma medida provisória ("faço porque quero"), extingue a Capes. Por uma pressão dos cidadãos, a Capes foi recriada no mesmo ano.

Antes de continuar a história, vale destacar que, como em qualquer conto infantil, os lobos maus, ou ogros demolidores, sempre podem aparecer no meio da narrativa e que, quando detêm poder ou força, são capazes, porque fazem o que querem, de destruir, sem aviso, instituições que empoderam a sociedade. Também aprendemos, com esse episódio, que, se a sociedade não se organiza, ou apela para um forte lenhador, como no conto da Chapeuzinho Vermelho, as organizações como a Capes podem desaparecer para sempre.

Mas a Capes, com o passar do tempo, foi mudando e, em vez de manter o seu papel precípuo, que é velar pela qualidade da pós-graduação no país e, através de bolsas de estudo, permitir o crescimento dos programas, optou por começar a financiar pesquisa, numa clara superposição de responsabilidades com o CNPq. É na superposição e na competição de missões que pode começar a destruição de um sistema. Mas não foi essa ação a responsável principal. Nos anos recentes, a Capes, por conta de um novo lobo perverso, também vem perdendo orçamento e diminuindo o seu investimento.

A Financiadora de Estudos e Projetos (Finep) é uma empresa pública brasileira de fomento à ciência, tecnologia e inovação em empresas, universidades, institutos tecnológicos e outras instituições públicas ou privadas. Criada em 1967, por outro visionário, desempenhou um papel central na consolidação de grandes infraestruturas ligadas a programas e a cursos de pós-graduação. A estrutura da Finep é complexa, pois as suas características incluem as de um banco de desenvolvimento; isto é, investe com retorno. É uma agência de fomento, onde o impacto do investimento realizado é cobrado sem que o agente recebedor tenha que, além de prestar detalhadas contas, devolvê-lo. O orçamento de fomento vem caindo de forma quase exponencial no último quinquênio.

As Fundações de Amparo à Pesquisa dos Estados (FAPs) começaram a aparecer na década de 1960. A história da primeira, a Fapesp, é um conto onde aparecem muitos heróis e, até agora, poucos e incompetentes lobos, pois a Fapesp desempenha um papel importante no estado de São Paulo. Por ser financiado pelos contribuintes de cada estado, o investimento das FAPs em pesquisa e inovação, bem como na formação de pessoal, se relaciona com as necessidades de cada região do país. Graças ao trabalho de outro herói, e aproveitando as novas Constituições Estaduais depois de 1968, essencialmente todos os estados da República Federativa do Brasil contam com FAPs. É bem verdade que, como em contos de crianças, os ogros em muitos estados da Federação fizeram com que, ciclicamente, as FAPs tivessem um papel de pouca importância.

Com a criação de um instrumento federal de investimento, associando pesquisa fundamental e aplicada com atividades econômicas, os Fundos Setoriais (FS) foram recebidos como um conto de fadas-madrinhas pelas comunidades que pensavam que o Bom Gigante Adormecido, Brasil, poderia, dessa vez, acordar com a força necessária para fazer do país "um sonho intenso, um raio vívido de amor e de esperança" através da incorporação de ciência e tecnologia à produção; permitindo, quiçá, oportunidades iguais para todos e cada um dos seus cidadãos. As receitas dos FS podem provir de impostos à exploração de recursos naturais, parcelas de impostos de certos setores econômicos, bem como de outros impostos referidos ao uso ou aquisição de conhecimentos tecnológicos/de transferência de tecnologia do exterior. A administração dos FS por Comitês Gestores (CG) permitia, por força de lei, que cada CG (composto de empresários e trabalhadores do setor, membros da comunidade científica relacionados a esse setor econômico, e representantes de governo) definisse as diretrizes, ações e planos de investimentos dos Fundos. Enfim, um conto de fadas para alavancar a competitividade de cada um dos setores. Até agora existe, ao menos no papel, até um "fundo Verde-Amarelo que estimula a cooperação tecnológica entre universidades, centros de pesquisa e setor produtivo, as ações e os programas que consolidem uma cultura empreendedora e de investimento de risco". Nos livros de contos em inglês se diria *too good to be true*". Os CG, com o tempo, foram perdendo poder; apareceram programas transversais, que retiravam recursos dos fundos; e a ideia inicial foi-se esvaindo.

Os contos para crianças costumam ser curtos. Senão, até os adultos que os leem, à noite, para os seus filhos, se cansam. Assim, para não continuar me alongando, vou caminhando para o final. Só que, neste conto, a princesa não acorda, o sapatinho não cabe no pé da Cinderela e ninguém poderá dizer, hoje, que "foram felizes para sempre".

O Brasil teve, durante uns poucos anos, um sistema de investimento em pesquisa e inovação que poderia ter incorporado o setor industrial ao patamar alcançado pelo setor de produção de alimentos, açúcar e álcool. Nesses últimos setores vencedores dominamos uma parte relevante do mercado mundial. Com o setor de gás e petróleo, que também se beneficiou da ciência e tecnologia nacionais, os demais setores produtivos poderiam ter alcançado competitividade e inovação contínua para dominar segmentos do mercado global. Porém, o sistema nacional de investimento em CT&I foi sendo destruído, aos poucos.

Tivemos, em algum momento, instituições que cuidavam (em termos de investimento) das ciências naturais em nível fundamental, das ciências sociais e humanidades (CNPq), da avaliação da qualidade da pós-graduação (Capes), de grandes infraestruturas e programas (Finep), das necessidades de pesquisa nos estados (FAPs), das necessidades de pesquisa requeridas para inovação constante em setores da indústria e na saúde (FS). Tanto a articulação, a missão precípua dos atores e, claro, o orçamento parecem ter acabado.

Se, por algum milagre, desses que aparecem com frequência nas histórias para crianças, a economia desse país melhorar muito, é até possível (outro milagre necessário, aqui) que os lobos que costumam governar decidam recuperar orçamentos de um dia para o outro. Já recuperar o sistema será muito mais difícil, e pode requerer mais que um milagre, mas alguns muitos anos de esforço contínuo.

Não devo terminar este conto sem reconhecer que, apesar dos muitos lobos e da infinidade de ogros, que tudo fizeram para diminuir a importância da ciência e da tecnologia nesse país, há de se reconhecer que a densidade de heróis e visionários é imensa. Pena que tenham menos peso político que os lobos e os ogros.

UMA VISÃO PESSOAL DA FAPESP

Acredito que os muitos sucessos da Fapesp, nesses primeiros sessenta anos de existência, certamente serão abordados em outros textos. A história a seguir não se prende a nenhum fio temporal e, portanto, pode parecer desconexa, mas me reconforta a ideia de que visões pessoais do passado, ainda que descrevam instituições ímpares como a Fapesp, nem sempre são lineares.

Minha relação com a instituição se inicia um pouco antes de eu chegar ao Brasil, mais especificamente à Faculdade de Medicina da USP, graças à obtenção de uma bolsa da Fapesp, em setembro de 1969. Passando pelo Brasil, no ano anterior, graduado em bioquímica, no Chile, e vindo de estágios nos Estados Unidos, tive um encontro inesquecível com o sempre gentil e brilhante professor Alberto Carvalho da Silva (1926-2002). Falar de Alberto me levaria tanto espaço quanto o permitido para me referir à fundação; então, prefiro resumir. O professor Alberto queria montar um laboratório de enzimologia no quarto andar da faculdade, para complementar seus estudos de nutrição. Eu, no meu então espírito harvardiano, achei a ideia interessante, desde que pudesse, ao mesmo tempo, continuar os meus projetos de pesquisa e orientar estudantes. Ele, que ocupava a diretoria científica da Fapesp, aceitou a proposta. Escrevi uma extensa proposta de pesquisa e voltei ao Chile, esperando, pacientemente, que fosse analisada pela assessoria científica. O projeto foi aprovado no começo de 1969 e comecei a planejar uma saída não remunerada da Universidad de Chile, onde já ocupava a posição permanente de livre-docente. Em março de 1969, apresentei um trabalho de certo impacto, em colaboração com Jorge Allende e Catherine Connoly, no *Annual Meeting of the Federation of Biological Societies*, nos

Estados Unidos. Naquele momento, meu estado de espírito não podia ser mais exultante: o trabalho foi muito bem recebido e eu tinha um projeto aprovado pela Fapesp, que incluía, além do equipamento necessário para montar um laboratório, uma excelente bolsa. Enfim, emigrava para o Brasil em condições excepcionais.

No final de abril, porém, o professor Alberto foi cassado. Nessa altura, eu, por motivos profissionais e pessoais, já havia começado a queimar as pontes que me ligavam profissionalmente à Universidade de Chile. A cassação do professor Alberto me fez entrar em um período tão delicado que, até hoje, é difícil relembrar. Pensei que todos os planos de emigração iriam por água abaixo. Vários docentes do Departamento de Fisiologia da Faculdade de Medicina da USP me ajudaram a sair do estado de absoluta estupefação em que me encontrava naquele momento. Cito os que mais me marcaram, pois é fácil imaginar como permanecem gravados, na memória, os nomes que parecem salvar a nossa vida, depois de um terremoto. Cesar Timo-Iaria e Gerhard Malnic não só responderam às minhas cartas, como um deles (não lembro qual) me atendeu ao telefone — em um tempo em que uma ligação internacional para o Brasil não era nem fácil nem barata. Finalmente, me convenci de que podia retomar o projeto anterior e preparar minha mudança para o Brasil quando o material que a Fapesp tinha me concedido no projeto se encontrasse no laboratório onde eu trabalharia.

Fui recebido com grande carinho em um ambiente extremamente lúgubre. O peso da cassação de docentes pairava em muitos dos corredores do prédio central da Faculdade de Medicina. Por outro lado, todos os equipamentos e reagentes contemplados no projeto estavam no laboratório, e ainda me esperavam alunos de iniciação e um de pós-graduação, que veio a ser o primeiro doutor formado sob a minha orientação.

Os meus anos vividos no Brasil têm, assim, raízes pessoais no professor Alberto e na Fapesp. A minha transferência para o Instituto de Química da USP, em 1970, e a ruptura definitiva com os laços restantes com a Universidad de Chile são partes de outra história.

A partir de 1969, a Fapesp, de várias formas e tipos de projetos, financiou a pesquisa e boa parte dos estudantes do grupo de trabalho que supervisionei até a minha aposentadoria compulsória em 2009. Hoje, aposentado da USP, continuo na condição de professor sênior e professor emérito do Instituto de Química, fazendo pesquisa, orientando estudantes e supervisionando um pós-doutorado com o auxílio da Fapesp. Desde 1969, minha relação com a Fapesp tem sido a de responsável por bolsas para estudantes e por apoio em projetos de pesquisa. Em contrapartida, como qualquer outro pesquisador, sigo prestando serviços, como assessor *ad hoc* em propostas de pesquisa e solicitações de bolsas. Na transição entre as diretorias científicas de J. F. Perez e Carlos Henrique de Brito Cruz, em 2005, fui convidado para ser coordenador adjunto da Fapesp, com a responsabilidade de me ocupar, exclusivamente, dos Centros de Pesquisa, Inovação e Difusão (Cepid).

Enfrentar o universo dos Cepid foi um aprendizado que encarei com interesse e entusiasmo, certamente cometendo os erros habituais que, apesar de ter passado por uma série de cargos acadêmicos executivos, dentro e fora do Brasil, sempre acabam acontecendo no início de um novo desafio. Pela primeira vez, porém, tive um chefe para corrigi-los rapidamente. Embora conhecesse Brito Cruz há anos, trabalhar com ele foi uma das mais marcantes e privilegiadas experiências de vida.

A partir daquele momento, comecei a conhecer a Fapesp por dentro, e somente a minha autocrítica me faz ser comedido para descrever o que é essa organização. Ocupei várias posições na instituição, até me afastar, em 2015, para assumir a presidência do CNPq. Voltei à Fapesp como coordenador adjunto em 2017 e continuei trabalhando na fundação por mais dois anos.

AS BASES LEGISLATIVAS DA FAPESP E AS FINALIDADES DA PESQUISA CIENTÍFICA

Quais são as características das agências públicas de fomento à pesquisa? Para responder a essa pergunta, parto do exemplo da Fapesp, comentando, em seguida, parte dos marcos legais que fazem, dessa fundação, uma instituição ímpar.

A Fapesp faz parte de um conjunto global de organizações conhecidas como agências de fomento à pesquisa. Em muitos países, há múltiplas agências de fomento, com missões distintas, o que permite especialização e eficácia. O Brasil já teve um sistema diferenciado de agências, sistema que foi desaparecendo aos poucos, especialmente nos últimos anos. Em todo o mundo, essas agências são, muitas vezes, entidades públicas de direito privado; algumas, financiadas exclusivamente com recursos públicos, que definem e executam uma grande parte da política científica e tecnológica do Estado. Essas organizações respondem pela intermediação entre o governo e os executores de pesquisa. As agências de fomento à pesquisa são atores públicos que fazem a mediação entre a política e a comunidade científica. A proximidade com o governo, com a comunidade científica e com a sociedade costuma moldar seu espaço político, afetando seus objetivos e estratégias. Isso faz com que essas instituições reajam e adaptem-se às pressões e limitações externas, e tentem, dentro de determinada margem de manobra, mediar as necessidades externas e os interesses internos, tanto das agências de financiamento como da comunidade científica.

No estado de São Paulo, a ideia de estruturar institucionalmente o apoio à pesquisa, numa agência, precede a criação do CNPq e da Capes, em 1951. A origem de uma fundação de amparo à pesquisa se encontra no Artigo 123 da Constituição Estadual Paulista de 1947: "O amparo à pesquisa científica será propiciado pelo Estado, por intermédio de uma fundação, organizada em moldes que forem estabelecidos por lei".

Como discutirei em detalhes, adiante, a expressão "pesquisa científica" não pode, no sentido estrito, ser restringida à pesquisa fundamental — que, por definição, não tem uma aplicação como objetivo, mas busca somente entender a natureza — nem pode, por outro lado, excluir a pesquisa aplicada (ou tecnológica), pois ambas procuram inovar, usando o método científico.

A autonomia financeira dessa Fundação está descrita no parágrafo único do Artigo 123: "Anualmente o estado atribuirá a essa fundação, como renda especial de sua privativa administração, quantia não inferior a meio por cento do total da sua receita ordinária".

Cada palavra desse parágrafo do Artigo 123 tem de ser analisada, e a análise conduz a um enorme respeito pelos constituintes de 1947. A beleza desse texto tem implicações que garantem financiamento previsível e continuado a uma fundação com autonomia de gestão, pois os recursos, assegurados como uma porcentagem da receita do estado, são de sua "privativa administração". É evidente, porém, que, lidando com recursos públicos provenientes dos contribuintes, os dispêndios da Fundação seriam auditados (como são, até hoje) por todas as instâncias de controle do estado.

Da inclusão em 1947, de uma fundação de amparo à pesquisa, até a efetiva implementação da disposição constitucional, passaram-se quinze anos. Em 1962, o governador Carvalho Pinto promulgou a lei que efetivamente deu vida à Fapesp. A inclusão constitucional garantiu a inserção dessa fundação no pacto social constitutivo do estado. A Lei Orgânica da Fundação de Amparo à Pesquisa do Estado de São Paulo (Lei Estadual n. 5.918, de 18 de outubro de 1960) também é uma peça essencial para a compreensão do êxito da Fapesp. A leitura integral do texto legislativo é instrutiva. Cabe destacar o Artigo 2º como ponto de partida às descrições de pontos essenciais da Lei Estadual n. 5.918, pois nele se descreve a única finalidade da Fapesp: "É finalidade da fundação o amparo à pesquisa científica no Estado de São Paulo".

Uma sucinta análise do que vem a ser pesquisa científica é necessária, sobretudo para dirimir dúvidas que se apresentam com certa frequência, em que o termo "pesquisa científica", ao ser compreendido como investigação básica (ou fundamental), exclui a pesquisa tecnológica e a inovação — que, certamente, podem usar o método científico.

Dentre as muitas definições de *pesquisa e desenvolvimento experimental*, é conveniente utilizar a do Manual de Frascati[30], um conjunto de conceitos amplamente utilizado pelos países que escolhem apresentar os dados de investimento em pesquisa e desenvolvimento de forma uniforme.

A pesquisa e o desenvolvimento experimental (P&D) compreendem o trabalho criativo e sistemático realizado com o intuito de aumentar o estoque de conhecimento — incluindo o conhecimento da humanidade, da cultura e da sociedade — e de conceber novas aplicações do conhecimento disponível. Um conjunto de características comuns identifica as atividades de P&D, mesmo que sejam realizadas por diferentes executores. As atividades de P&D podem ter, como finalidade, atingir objetivos específicos ou gerais. O P&D visa sempre a novas descobertas, a partir de conceitos originais (e sua interpretação) ou hipóteses. É amplamente incerto sobre seu resultado final (ou, pelo menos, sobre a quantidade de tempo e recursos necessários para alcançá-lo), é planejado e orçado (mesmo quando realizado por indivíduos) e visa produzir resultados que poderiam ser livremente transferidos ou negociados em

---

30 Organização de Cooperação Econômica para o Desenvolvimento. *Manual de Frascati 2002: Proposta de Práticas Exemplares para Inquéritos sobre Investigação e Desenvolvimento Experimental.* Barcelona: F-Iniciativas; 2008. doi: 10.1787/9789264065611-pt.

um mercado. Para que uma atividade seja uma atividade de pesquisa e desenvolvimento, ela deve satisfazer a cinco critérios básicos. A atividade deve ser: nova, criativa, de resultado incerto, sistemática, transferível e/ou reproduzível.

Uma das informações centrais, nessa definição, é a noção do *novo*, seja para gerar conhecimento e descrever fenômenos, seja para usar conhecimentos existentes de maneira criativa. Os métodos são os meios pelos quais esses objetivos serão alcançados. E, se o método escolhido for o método científico, a pesquisa definida nos termos citados constituir-se-á uma pesquisa científica. Dessa forma, o problema a ser resolvido, a observação a ser explicada, o desconhecido a ser descoberto, compreendido, melhorado ou criado pode ser de natureza básica (ou fundamental) ou tecnológica (ou aplicada); e a forma de compreendê-lo, descrevê-lo ou solucioná-lo que, até hoje, mostrou-se mais eficiente é a pesquisa científica.

A seguir, ao descrever as competências da fundação, o legislador afirma que projetos de pesquisa, individuais ou institucionais, oficiais ou particulares podem ser custeados se os órgãos competentes da fundação assim recomendarem. Cabe destacar e reafirmar que essa forma de definir as competências deixa claro que cabe à fundação se manifestar sobre propostas de pesquisa, e que o julgamento cabe, exclusivamente, a órgãos internos da instituição. É necessária uma avaliação técnica para dizer o que é método científico e o que pode ser considerado novo. Em razão disso, a Fapesp foi reconhecida como um órgão técnico, a ser constituído por membros da comunidade científica, e dotada de competências para realizar essa avaliação internamente.

O Artigo 3º esclarece que a Fapesp, como mediadora entre os interesses do financiador, o estado de São Paulo, e a comunidade que realiza a pesquisa, o fará respeitando os critérios de julgamento de órgãos internos da fundação: "custear, total ou parcialmente, projetos de pesquisas, individuais ou institucionais, oficiais ou particulares, julgados aconselháveis por seus órgãos competentes". A faculdade de interromper o financiamento de um projeto, por recomendação de órgãos internos da fundação, também é claramente contemplada na lei. Outro aspecto presciente dessa lei, que, em muito, antecede iniciativas e pressões recentes na relação entre a Fundação e o Governo Estadual, determina que a instituição identifique as áreas do conhecimento que devam receber prioridade de fomento.

Se, de um lado, a avaliação do mérito das propostas individuais é técnica; de outro, a eleição dos temas que podem constituir Programas da Fapesp não é puramente técnica, mas determinada por meio de um diálogo entre o órgão, o estado e a sociedade. O diálogo entre o estado, a sociedade e a Fundação deve existir; ao mesmo tempo, são os mecanismos e decisões internas da Fundação que devem implementar as decisões.

A internacionalização é essencial para o desenvolvimento da ciência e, desde o início, a Lei Orgânica já indicava essa preocupação. A Fapesp é estimulada a realizar uma política de internacionalização através de "intercâmbio de pesquisadores nacionais e estrangeiros". No começo da década de 1960, a formação de pessoal fora do país foi uma prioridade da Fapesp. O desenvolvimento da densidade de pesquisadores em São Paulo, em essencialmente todas as áreas do saber, permitiu, mais tarde, estender o conceito de internacionalização além do mero intercâmbio de pesquisadores, contemplando, ademais, projetos internacionais de pesquisa conjunta, colaborativa e, muitas vezes, cofinanciada; bem como a participação em grandes empreendimentos multinacionais, como nas áreas de cosmologia, astrofísica e física de altas energias.

Para garantir que os recursos fossem efetivamente empregados em pesquisa, buscando a efetividade do fomento, a Lei Orgânica, além de indicar a forma de financiamento e os fins da Fapesp, veda investir mais do que 5% da receita na administração interna da fundação.

A presciência do legislador já observava que as instituições que receberiam investimentos para apoiar projetos de pesquisa deveriam possuir uma organização interna que as qualificasse, para que os pesquisadores dessa entidade pudessem trabalhar nos projetos financiados sem usar recursos com fins distintos à pesquisa. A descrição do financiamento da Fapesp na Lei Orgânica da Fundação é precisa, abrangente e contempla, separadamente, diversas fontes de aporte de recursos. Com o objetivo de garantir a estabilidade e perpetuidade do fomento à pesquisa, a Constituição previu o aporte de 0,5% da receita do estado, e também a criação de um patrimônio, cuja rentabilidade garantiria a manutenção de suas atividades.

Destacam-se, também, como fonte de financiamento, as "rendas de seu patrimônio", aspecto que implica a existência de patrimônio definido. O patrimônio da Fapesp foi constituído inicialmente por uma transferência de recursos do estado, visto o hiato de mais de uma década entre a descrição constitucional e a promulgação da Lei Orgânica. Os saldos do exercício, bem como doações e o produto do licenciamento de patentes, também podem ser incorporados ao patrimônio da instituição. A resolução do legislador estabelece que "a fundação deverá aplicar recursos na formação de um patrimônio rentável". Essa decisão condicionou uma gestão cuidadosa do patrimônio da fundação que, apesar de estar definida em lei, sempre foi cobiçado por governos que, avaliando somente o montante total, não atentam para a importância que o patrimônio financeiro da Fundação tem, para o planejamento estratégico do investimento em pesquisa, visando à melhoria das condições de vida do contribuinte paulista.

Durante algumas décadas, tive o privilégio de representar a Fapesp em fóruns internacionais. A descrição das características do financiamento da Fapesp sempre causou assombro e uma ponta de inveja em outras agências. A Fapesp era a única, dentre muitas outras instituições de amparo à pesquisa de países de maior grau de desenvolvimento, que podia traçar/realizar planejamento de investimento em prazos de até onze anos, com segurança e de forma estável.

Ainda que dependesse (e ainda dependa) de oscilações da economia do estado de São Paulo, sempre é possível corrigir o planejamento, usando os rendimentos ou o próprio patrimônio da Fundação. A adequada atuação de uma agência de financiamento à pesquisa não depende, exclusivamente, dos seus recursos financeiros, mas, e sobretudo, da sua organização funcional e das pessoas que operam a instituição, tanto em termos de linhas estratégicas como da organização de suas estruturas executivas. A Lei Orgânica da Fapesp também tratou desses aspectos com rara precisão. As linhas estratégicas da Fundação são traçadas por um Conselho Superior de doze membros, nomeados pelo governador do estado. Na história da Fapesp, o Conselho sempre foi composto por pessoas do mais alto nível vindo das universidades, dos institutos de pesquisa, do meio empresarial e político. A função de conselheiro não é remunerada, e o mandato de seis anos é suficientemente extenso para que cada integrante tenha a oportunidade de entender, na prática, os rumos e mecanismos da Fundação.

A leveza do órgão executivo, composto por três diretores que exercem mandatos limitados (e, por terem dedicação integral à Fundação, são remunerados), é essencial para que as diretrizes determinadas pelo Conselho Superior sejam implementadas de forma célere.

Em 23 de maio de 1962, o governador do estado de São Paulo, Carlos Alberto A. de Carvalho Pinto, assinou o decreto, nos termos da Lei n. 5.918, de 18 de outubro de 1960, aprovando os Estatutos da Fundação de Amparo à Pesquisa do Estado de São Paulo. No exame do Estatuto, tão interessante de analisar na sua totalidade quanto a Lei Orgânica, repito observações de pontos que me parecem centrais para justificar minha visão sobre a Fapesp.

O diálogo entre o estratégico Conselho Superior, enriquecido pelas propostas do Conselho Técnico-Administrativo, é profícuo e se sustenta nas decisões de ação, tomadas pela assessoria científica da Fundação, liderada pelo diretor científico. O diretor científico é um dos executivos centrais de toda a atividade da fundação, pois a ele cabe a direção da assessoria científica. A Assessoria Científica será constituída de especialistas de reconhecido valor, contratados pelo Conselho Técnico-Administrativo. Na Assessoria Técnico-Científica deverão estar representados os diversos setores de pesquisas das ciências e da tecnologia.

O sistema de assessoria científica, apoiado por uma estrutura administrativa e informática de alta eficiência, recebe as propostas de pesquisa, submete cada uma delas à assessoria, avalia as propostas e os pareceres dos assessores *ad hoc* e emite, no final de um processo com diversas etapas de verificação de qualidade, uma recomendação que, se aprovada pelo diretor científico, vai à deliberação pelo Conselho Técnico-Administrativo (CTA) *ad referendum* do Conselho Superior. Nas raras ocasiões em que o CTA não homologa uma proposta recomendada pela direção científica, o projeto é reanalisado, antes de voltar para o CTA. Propostas de grandes programas da Fundação são apresentadas e deliberadas no Conselho Superior.

Na vigência da Lei Orgânica de criação da Fapesp, bem como do seu Estatuto, a Constituição Estadual Paulista, promulgada em 1989, trouxe mudança significativa na missão da Fundação e aumento da alocação de recursos. A Constituição do Estado de São Paulo de 1989 deve ser analisada à luz da Constituição Federal. Somente assim, dúvidas quanto ao destino dos investimentos da Fapesp em apoio à pesquisa científica podem ser dirimidas.

A Constituição do Estado de São Paulo, em 1947, determinava que o estado atribuiria à Fundação, como renda especial de sua privativa administração, quantia não inferior a 0,5% do total da sua receita ordinária. O Artigo 271 da Constituição

Estadual de 1989 difere do Artigo 123 da Constituição de 1947. O Estado destinará o mínimo de 1% de sua receita tributária à Fundação de Amparo à Pesquisa do Estado de São Paulo, como renda de sua privativa administração, para aplicação em desenvolvimento científico e tecnológico.

A nova redação é clara quanto (i) ao montante, (ii) à administração privativa à Fundação dos recursos recebidos e (iii) à forma de repasse dos recursos a serem transferidos anualmente à Fapesp. O parágrafo único do Artigo 271 descreve, diretamente, a forma de repasse.

A dotação fixada no "caput", excluída a parcela de transferência aos municípios, de acordo com o Artigo 158, IV, da Constituição Federal, será transferida mensalmente, devendo o porcentual ser calculado sobre a arrecadação do mês de referência e ser pago no mês subsequente. A interpretação precisa do Artigo 271 da Constituição Estadual requer que se considere o Artigo 218, parágrafo V, da Constituição Federal que descreve, ao mesmo tempo, a possibilidade de vincular recursos orçamentários para fins específicos, bem como as condições em que a vinculação é possível.

É facultado aos estados e ao Distrito Federal vincular parcela de sua receita orçamentária a entidades públicas de fomento ao ensino e à pesquisa científica e tecnológica. É evidente, pois, que a expressão "desenvolvimento científico e tecnológico" que consta no Artigo 271 da Constituição Estadual de 1989 somente pode se referir à pesquisa científica e tecnológica, pois, de outra forma, se estaria violando a regra da Constituição Federal que permite a vinculação de recursos nessas hipóteses. Isso não quer dizer que a Fapesp não possa apoiar atividades de desenvolvimento tecnológico e científico diferentes de "pesquisa científica e tecnológica", mas que tais atividades só podem ser apoiadas com recursos obtidos fora e além da vinculação constitucional (e a Fapesp tem feito isso; por exemplo, com recursos obtidos da Finep).

Tal interpretação é muito relevante, especialmente considerando que já houve situações em que se interpretou a letra da Constituição Paulista à revelia da Lei Maior, isto é, a Constituição Federal. Assim, repetidamente, parte dos recursos da Fapesp, além de serem investidos na pesquisa, científica ou tecnológica, e na formação de pessoal, poderiam ser utilizados na compra de máquinas para fins distintos da pesquisa, ou na construção de plantas-piloto para produção, bem como para outros tantos investimentos que nada têm a ver com os fins determinados pela Constituição Federal que, claramente, se refere à pesquisa científica e tecnológica.

Mesmo que, em geral, o governo estadual paulista respeite a Constituição e os instrumentos legais, houve episódios em que a lei foi posta em xeque. Num deles, o governo estadual promoveu um confisco de recursos do orçamento da Fapesp para ser destinado à aplicação pela Secretaria de CT&I. Esse nem foi um caso de diferença de interpretação, mas de tentativa de descumprimento da vinculação estabelecida constitucionalmente.

Fatos alternativos, inverdades ou mentiras: palavras com significados muito semelhantes caracterizaram a presidência do Brasil entre 2018 e 2022. Mas, às vezes, também apareceram em declarações de membros do Executivo paulista.

Não é verdade, por exemplo, que a Fapesp financie projetos que visam à criação de conhecimento inútil. Quando a Fundação decide financiar um projeto, espera que os resultados tenham impacto intelectual, econômico ou social. E esses impactos são notórios, na sociedade paulista e no mundo. Escolher exemplos desses impactos é sempre injusto, pois, certamente, muitas descobertas significativas deixam de ser citadas. Mas é bom lembrar que a vacina contra a dengue do Instituto Butantan foi obtida porque, em 2008, a Fapesp, em parceria com o Ministério da Saúde, financiou seu desenvolvimento. Também é bom não esquecer o impacto das descobertas e das influências legislativas no estado de São Paulo, decorrentes do Programa Biota, financiado pela Fapesp; assim como é bom também lembrar que o sucesso de aviões da Embraer se deve a resultados de projetos financiados pela mesma instituição.

Outra inverdade, muito comum em meios diversos — inclusive por parte de alguns membros de diversos governos paulistas — consiste em acusar a Fapesp de usar somente critérios acadêmicos ao analisar propostas. Seriedade e isenção, no julgamento, e respeito à lei de criação da Fapesp não podem ser confundidos com palavras usadas fora de contexto. O fato de os critérios serem acadêmicos não diminui a utilidade e o impacto do projeto. Pelo contrário, garante a sua qualidade. Vale lembrar que a pesquisa científica básica pode ter utilidade no longo prazo, que a pesquisa científica fomentada também pode ser aplicada, e que os temas prioritários são definidos não apenas pelos pesquisadores ou pela própria Fapesp, mas também em conjunto com o governo e a sociedade.

É claro que um projeto de pesquisa a ser desenvolvido em uma universidade ou em um instituto de pesquisa deve ser avaliado por critérios que diferem daqueles utilizados numa proposta de pesquisa de uma empresa nascente ou de uma grande empresa. E é justamente pela análise criteriosa, diferenciada e isenta que o financiamento da Fapesp tem o reconhecido impacto intelectual, social e econômico na sociedade paulista.

Um conflito entre o Governo do Estado e a Fapesp, cheio de fatos alternativos vindos do Executivo, colocou em risco, em 2017, o respeito ao financiamento da Fapesp. Esse conflito representaria um confisco de recursos vinculados, que iriam ser aplicados diretamente por uma das Secretarias do Governo Estadual. A tentativa governamental de passar por cima das normas legais e constitucionais, forçando o investimento sem passar pelo rito de avaliação de propostas da Fapesp, não foi bem-sucedida. Depois de muita negociação, a Fapesp lançou o Programa Modernização de Institutos Estaduais de Pesquisa (PDIP). O Programa atendia, em parte, às demandas do governo paulista e dos institutos estaduais de pesquisa, com um montante equivalente ao que, em algum momento, se pretendeu retirar do orçamento da Fapesp. Contudo, e formando parte da negociação, o Programa foi lançado na forma de um edital e as regras de avaliação da Fapesp foram plenamente respeitadas. Nesse, como em outros episódios similares, o apoio da comunidade acadêmica, em defesa da Fapesp, foi essencial para que o impasse entre o governo, responsável pelo aporte dos fundos, os Institutos Estaduais de Pesquisa e a Fapesp, instituição responsável pela mediação e implementação das políticas de ciência, tecnologia e inovação, fosse resolvido.

Coube a mim a responsabilidade de implementar o Programa Modernização de Institutos Estaduais de Pesquisa (PDIP), com o apoio inestimável da Dra. Glenda Mezarobba, na época, assistente acadêmica da Fapesp. Segundo o então presidente do Conselho Superior da entidade, professor José Goldemberg:

> O objetivo (do PDIP) é modernizar os institutos de pesquisa do estado. Além de contemplar a aquisição de equipamentos modernos, o edital deu grande ênfase à capacitação de pessoal de alto nível científico e tecnológico, capaz de utilizar esses equipamentos adequadamente.

O julgamento do PDIP foi feito com o cuidado necessário a um Programa que, além de contar com um orçamento total equivalente a mais de 10% dos recursos orçamentários da Fapesp, a ser investido ao longo de três anos, esteve, desde o começo, sob os atentos olhares da comunidade científica, de integrantes do governo estadual e de diretores de institutos de pesquisa paulistas. Com um total oferecido de R$ 120 milhões e uma demanda máxima de R$ 20 milhões por instituto, era de se esperar que alguns dos vinte institutos não fossem contemplados. A comunidade científica expressava a preocupação de que a Fapesp renunciasse ao rigor científico, enquanto outros atores pensavam que a "cientificação" dos critérios não atenderia às necessidades de certos institutos. Todas as propostas foram objeto de pareceres de assessores *ad hoc*, posteriormente analisados por uma comissão de cientistas e técnicos de alto nível e comprovada experiência, que se reuniram para discutir detalhadamente propostas e pareceres. Ao término do processo, a recomendação dessa Comissão ao CTA da Fapesp foi aceita pelo Conselho Superior da Fundação e, assim, o PDIP pôde entrar em operação no prazo previamente estipulado.

A Fapesp tem uma tradição de avaliar programas. Eu julgo que a Fundação e o contribuinte paulista merecem, por motivos que incluem transparência e *accountability*, que o Programa PDIP passe por uma avaliação, para julgar os resultados de iniciativa que, nascida de conflito entre o governo paulista e a Fundação, pode ter produzido impactos positivos nos institutos que receberam seu apoio.

Passo, agora, a narrar a forma de operar da Fapesp, pois creio ser necessário mostrar, para o leitor, a forma pela qual a Fundação decide se propostas ou programas têm a natureza e qualidade necessárias para serem recomendados, virarem projetos e, assim, serem financiados. Destarte, é obrigatório distinguir entre proposta individual e programa.

Proposta individual, como a designação sugere, é um plano de pesquisa apresentado por um indivíduo. Tal proposta pode se referir à formação de pessoal (desde bolsa de iniciação científica até estágio de pós-doutoramento) e é sempre baseada em um plano de investigação científica. A proposta pode, também, referir-se a uma solicitação de investimento em um plano de pesquisa, apresentada por um pesquisador que, nesse caso, deve demonstrar, entre outros requisitos, vínculo funcional com uma instituição de pesquisa, universitária ou não, pública ou privada, no estado de São Paulo.

Em ambos os casos, a proposta de pesquisa (de bolsa ou financiamento), após a confirmação de que todos os requisitos formais foram contemplados, é encaminhada para assessores externos, cujo número varia em função da natureza da proposta, e que podem ser brasileiros ou estrangeiros. Assim que os pareceres sobre a proposta são recebidos, um colegiado de coordenadores de área analisa, com regularidade e coletivamente, as propostas e as apreciações dos assessores *ad hoc*, e elabora pareceres — recomendando, ou não, cada proposta.

Todas as recomendações da Coordenação de Área são encaminhadas para a Coordenação Adjunta que, composta por um número reduzido de cientistas maduros e renomados, depois de analisar o conjunto de pareceres, elabora o seu próprio. Os pareceres dos adjuntos são encaminhados para o diretor científico, responsável único pela apresentação da recomendação à homologação pelo Conselho Técnico-Administrativo. Esse processo de análise e julgamento, cheio de pesos e contrapesos, pode parecer longo e complexo, mas, para uma fundação que analisa mais de vinte mil solicitações por ano, as decisões levam, em média, menos tempo do que o despendido em qualquer outra agência de financiamento de tamanho comparável no mundo.

A Fapesp encaminha as propostas não recomendadas para o pesquisador responsável, junto com documentação que inclui todos os pareceres, incluindo os dos assessores *ad hoc*. O pesquisador tem, então, a possibilidade e o direito de recorrer da decisão, considerando o conjunto das análises que levaram à denegação.

As solicitações de auxílio nascem de pedidos individuais em qualquer área do saber. Os programas são mais amplos, têm focos bem definidos que visam solucionar determinados problemas, muitas vezes, importantes para o desenvolvimento do estado, e possuem procedimentos de avaliação característicos.

Tive o privilégio de participar, logo depois da minha transferência para o Instituto de Química da USP, em 1970, de um dos primeiros programas lançados pela Fapesp, o Bioq-Fapesp. Como em muitos outros casos, o Bioq-Fapesp nasceu de uma iniciativa da comunidade — no caso, a comunidade científica que assistia à explosão de conhecimento em uma área da ciência que modificaria os destinos da humanidade, a bioquímica. O fenômeno global não estava sendo acompanhado pela ciência criada no estado de São Paulo. Um pequeno grupo de cientistas, liderados pelo professor Francisco Jeronymo Salles Lara (1925-2004), começou a desenhar um programa, com o então diretor científico da Fapesp, o professor Oscar Sala (1922-2010), que pretendia estimular a bioquímica no estado, para não perder a inserção internacional em uma área de evidente impacto científico, social e econômico.

Ainda não está claro, para mim, o motivo de ter sido convidado a participar do pequeno grupo de cientistas que elaboraram o programa. Mas, desde o começo, estava muito claro que propostas associadas a esse programa tinham de ser internacionalmente competitivas e que, para isso, alguns assessores tinham de ser de fora do Brasil. Assim, estrangeiros passaram a integrar o comitê que, de tempos em tempos, avaliava os resultados de cada um dos projetos aprovados, além do programa como um todo. O sucesso do programa pode ser evidenciado pela explosão de publicações e formação de pessoal nessa área da ciência e pela presença de um prêmio Nobel na comissão que avaliou o programa, dentre outros indicadores.

Um impacto não planejado do Bioq-Fapesp foi a ruptura da relação poder/posição acadêmica. Com a implantação do programa, pelo menos na bioquímica do estado de São Paulo, ficou evidente que a posição de cada professor poderia ser associada à sua capacidade de ter a sua pesquisa bem avaliada e financiada, e não à sua posição na escala acadêmica formal.

A partir daí, e com variações desse modelo, surgiram, na Fapesp, sempre por demandas externas ou detecção de lacunas a partir da própria Fundação, inúmeros outros programas de sucesso, que merecem ser mencionados como exemplos. O Xylella, além de desvendar doenças na produção de laranja, conseguiu inserir a cultura da (então) nova biologia molecular em um amplo espectro dos grupos de pesquisa em bioquímica e biologia no estado. O Biota, além da sua projeção internacional na área da descoberta de novos produtos naturais e biodiversidade, impacta políticas públicas no estado. O programa dos Centros de Pesquisa, Inovação e Divulgação (Cepid) reuniu grupos de pesquisadores que formam centros de referência internacional nas suas áreas de interesse, como o Núcleo de Estudo da Violência (NEV) ou o Centro de Pesquisa sobre o Genoma Humano e Células-Tronco. A lista dos programas é extensa e mencionar somente esses seria injusto. Adiciono um último exemplo, pois representa um programa que, sem abandonar o éthos legal e constitucional da Fapesp, permite que o conceito de pesquisa se estenda até as pequenas empresas: trata-se do Pesquisa Inovadora em Pequenas Empresas (Pipe). O Pipe-Fapesp apoia a execução de pesquisa em micro, pequenas e médias empresas no estado de São Paulo.

Em 2000, como pró-reitor de pesquisa da USP, participei de uma cerimônia de destaque, quando o reitor organizou um almoço com todos os docentes da USP que foram pesquisadores responsáveis pelos Cepid. Nessa ocasião, ficou clara a disposição da instituição em oferecer as condições necessárias, tanto materiais como de pessoal, para desenvolver um desafio do tamanho dos Cepid. O programa Cepid, implantado pela Fapesp em 1998, quando José Fernando Perez era diretor científico da Fundação, e posto em prática em 2000, é uma iniciativa pioneira, inicialmente inspirada em programas similares nos Estados Unidos da América. Na definição da Fapesp,

> Os Centros de Pesquisa, Inovação e Difusão (Cepids), apoiados pela Fapesp por um período de até 11 anos, têm como missão desenvolver investigação fundamental ou aplicada, com impacto comercial e social relevante, contribuir para a inovação por meio de

transferência de tecnologia e oferecer atividades de extensão para professores e alunos do ensino fundamental e médio e para o público em geral.

Os Cepid, além de constituídos por um grupo relativamente grande de pesquisadores principais, estudantes de graduação e pós-graduação, bem como pós-doutores e técnicos, deveriam, durante a época em que eram financiados, constituírem centros de referência mundiais na sua área de investigação.

Além dessa definição, pode-se dizer que a atitude de Jacques Marcovitch, reitor da USP no período de 1997 a 2001, ao receber, dessa forma, os professores da USP responsáveis por Cepid, mostrou que as instituições que aceitam se tornar sedes de iniciativas desse porte têm uma responsabilidade estrutural que vai bem além da assinatura do dirigente máximo, ao aceitar sediá-las. A tensão entre a instituição que financia grandes projetos de pesquisa e a instituição que sedia o projeto se mantém até hoje.

As restrições orçamentárias em 2021 e a atitude negativa do então governo federal frente às universidades públicas em particular e à ciência, em geral, tornaram a discussão de tema (a tensão entre financiador e sede) inconveniente. As atuais circunstâncias, porém, demonstram que a reflexão sobre as responsabilidades de uma universidade de pesquisa, frente a seus docentes, é urgente.

É essencial discutir com objetividade quais devem ser as contrapartidas da universidade, no futuro, frente a professores que, por exemplo, chegam a liderar grandes projetos de pesquisa; bem como os docentes que, recém-contratados, devem se tornar membros de destaque no ambiente universal de criação. Estratégias para enfrentar esses problemas caracterizam universidades que efetivamente valorizam a pesquisa e nem sempre pressupõem investimentos vultosos. Políticas de contratação de docentes e técnicos relacionados também à pesquisa e à gestão de projetos (e não somente a disciplinas de graduação) são um começo. O tema da contrapartida institucional continua a ser um entrave para o melhor aproveitamento tanto do dinheiro investido em pesquisa quanto do tempo que o professor universitário tem para se dedicar a pesquisar, a ensinar e a transmitir conhecimento.

Mas, ao encerrar esta narrativa, está longe de mim a intenção de deixar o leitor convencido de que os conflitos entre o Executivo, o Legislativo e o éthos da Fapesp terminaram com o PDIP. Apesar do meu espanto, mesmo que a sociedade paulista tenha claramente incorporado e compreendido o valor de uma agência de apoio à CT&I como a Fapesp (como se viu, em episódios recentes, pelas manifestações nas redes sociais, mídia escrita e televisiva), ainda acontece de lideranças políticas — e, às vezes, até acadêmicas — deixarem de compreender a contribuição intelectual, econômica e social das ações e das iniciativas da Fundação. Tal distanciamento se revelou nas várias oportunidades em que a Fapesp somente conseguiu se livrar de pressões que a desviariam dos seus mandatos constitucionais e legais por pressão da comunidade científica, muitas vezes acompanhada por artigos na imprensa.

Tenho me manifestado continuamente em defesa da Fapesp que eu conheço e cujo funcionamento e relevância compreendo, por meio de artigos e de entrevistas. Impressionantemente, em ocasiões recentes, como quando da tentativa de transferir recursos do Fundo Patrimonial da Fapesp para ações do Executivo que nem mesmo consideravam os procedimentos internos, setores da sociedade beneficiados diretamente por ações e programas da Fapesp não chegaram a se manifestar — ou, se o fizeram, a ação nunca foi transparente.

Interpretando livremente a frase "Se você pensa que pesquisa é cara, experimente a doença", atribuída a Mary Lasker (1900-1994), é claro para mim que, sem pesquisa, mal poderemos formar melhores quadros, melhorar a inteligência da população, diminuir a iniquidade e estimular a inovação no estado de São Paulo. Manter a Fapesp como a instituição ímpar de apoio à pesquisa científica e à inovação que é, há tantas décadas, requer a vigilância dos responsáveis pela sua condução, da comunidade científica e de todos aqueles que se beneficiaram e continuam a se beneficiar das suas ações, para manter o éthos da Fundação e capacidade de negociação que atenda às demandas, sem alterar os princípios que a criaram.

E, somente para demonstrar que a eterna vigilância é ainda necessária para manter a Fapesp, transcrevo uma carta que, em 26 de junho de 2024, enviei ao jornal *O Estado de S.Paulo*, preocupado com a nova tentativa de diminuir os repasses do estado à Fundação. Nos municípios mencionados, a seguir, os estudantes, funcionários e docentes das universidades públicas contribuem para a economia e a saúde social: Araçatuba, Araraquara, Assis, Bauru, Botucatu, Campinas, Diadema, Dracena, Franca, Guaratinguetá, Guarulhos, Ilha Solteira, Itapeva, Jaboticabal, Lorena, Marília, Osasco, Ourinhos, Piracicaba, Pirassununga, Presidente Prudente, Registro, Ribeirão Preto, Rio Claro, Rosana, Santos, São Carlos, São João da Boa Vista, São José do Rio Preto, São José dos Campos, São Vicente, Sorocaba, Tupã. Desde o cabelereiro local até o responsável pela quitanda, todos dependem daqueles que trabalham ou estudam nessas instituições; sem falar, é claro, dos benefícios para os serviços de saúde em cada um desses locais.

Nas sedes locais de universidades como a Universidade Federal de Santa Catarina (UFSC), Universidade Federal do ABC (UFABC), Universidade Federal de São Paulo (Unifesp), Universidade Estadual de Campinas (Unicamp) e USP. se ensina e se produz conhecimento que determina impactos econômicos, sociais e culturais. Ainda se deve considerar que empresas locais, muitas de alta tecnologia, nascem a partir do conhecimento produzido e dos formandos. Descontando os salários dos professores, os recursos para pesquisa, em todos esses locais, dependem do apoio da Fapesp. Em 2024, um parecer da Assembleia Legislativa do Estado de São Paulo ameaçava cortar 30% do orçamento da Fapesp. Esse corte pode paralisar pesquisa, diminuir a qualidade do ensino, o prestígio que o município tem (devido à qualidade das sedes universitárias) e, no limite, afetar toda a economia local pela evasão dos estudantes.

Pergunto: você votaria num vereador de um partido que aceita cortar os recursos da Fapesp nas eleições municipais?

CONSELHO NACIONAL DE PESQUISA CIENTÍFICA E TECNOLÓGICA (CNPq)

Para descrever minha experiência no CNPq, optei por transcrever uma parte substantiva do meu discurso de posse na presidência da instituição. Quanto consegui realizar, no curto tempo em que estive nessa posição, é matéria que deixo para outros avaliarem. Mas reafirmo, aqui, propostas que, na época, me pareciam realistas e aquilo que considero meu maior fracasso durante a gestão: a falta de um aumento no orçamento próprio do CNPq. É um erro supor que esse fracasso se deve somente à aguda contração do orçamento federal a partir de 2015. As causas são bem mais complexas e se relacionam com uma descrição da política científica do Governo Federal que descrevo em outra seção deste livro.

Sou um servidor público, exerço meu ofício como pesquisador e professor há mais de cinquenta anos. Durante esse tempo, creio haver cumprido as exigências que a sociedade faz para esse tipo de servidor público: criar conhecimento, formar recursos humanos, ensinar várias gerações e estender meus serviços à comunidade. Em paralelo, porque mantenho compromissos políticos desde a adolescência, tenho dedicado parte do meu tempo a assumir responsabilidades na política acadêmica, científica e tecnológica, no país e no exterior. E essa trajetória está refletida na minha posição sobre a ciência e sua importância estratégica para o desenvolvimento.

Cabe ao CNPq um papel primordial nesse esforço conjunto — do governo e da sociedade — para fazer o país avançar ainda mais. O CNPq tem uma história que remonta às propostas da Academia Brasileira de Ciências, na segunda década do século XX. Fundado em 1951, ele tem uma narrativa de décadas que orgulha os brasileiros. O éthos do CNPq, sua cultura e o conjunto de realizações que visam ao bem comum do país, estabelecido desde a sua fundação, é muito bem representado pelo seu primeiro presidente, o Almirante Álvaro Alberto da Motta e Silva. O princípio basilar dessa instituição é promover e estimular o desenvolvimento da investigação científica e tecnológica em qualquer domínio do conhecimento. E, para cumprir esse mandato, a lei que criou o conselho determina que ele "gozará de autonomia técnico-científica, administrativa e financeira". A história do CNPq mostra como essa instituição manteve o seu éthos e vem promovendo o desenvolvimento científico, tecnológico e a inovação no país. É claro também que, ainda com as diferenças individuais de estilo dos presidentes que vêm conduzindo a casa, o corpo de servidores públicos do CNPq e sua tradição vêm determinando a sua contribuição permanente ao desenvolvimento sustentável e socialmente harmônico do país. E é nessa lógica que tentei desenvolver minha gestão, sempre tomando por base dois princípios, que explicito a seguir.

Primeiramente, em consonância com seu éthos histórico e sua missão primordial, o CNPq deve financiar somente o que o CNPq pode financiar, com excelência na análise de mérito e na avaliação de impacto; sempre observando códigos de conduta que devem caracterizar a ética pública.

O CNPq deve colaborar na formulação de projetos estratégicos, para que ciência básica, pesquisa tecnológica e inovação sejam elementos essenciais para o desenvolvimento sustentável e socialmente justo do país.

Em 1945, Vannebar Bush (1890-1974) escreveu um documento sobre o papel da ciência, que condicionou o pensar sobre ciência e sociedade durante mais de cinco décadas. "Ciência, uma fronteira interminável"[31] é um documento complexo, e muitas vezes contraditório, muito mencionado e pouco lido,

---

31 Bush V. *Science The Endless Frontier*. Washington, United States: Government Printing Office; 1945.

que coloca alguns pontos basilares sobre as relações entre ciência básica e inovação. Esse documento tem sido, a meu ver, mal interpretado e traduzido somente como um sistema linear que começa na descoberta fundamental e termina em algum produto útil, ou de melhor utilidade para a sociedade. Os Estados, no mundo todo, ao assumirem a responsabilidade do financiamento público da ciência fundamental — e, agora também, da inovação — acompanham, até hoje, um dos pontos centrais do documento de Bush. Ao mesmo tempo, o documento define a ciência fundamental como "a pesquisa que, realizada sem o foco de fins práticos, gera conhecimentos gerais e uma compreensão da natureza e suas leis". Falta, a essa definição, a compreensão crescente de que a ciência fundamental, seu fazer e sua prática, torna as pessoas mais inteligentes e gera ideias que geram novas ideias, em qualquer campo, fundamental ou aplicado. Por outro lado, se o objetivo da pesquisa básica é *compreender* e o da pesquisa aplicada é *usar*, existe, na visão linear, tensão e distância entre as duas. Eu diria que hoje, passados tantos anos do documento de Vannebar Bush, ninguém pode traçar uma linha nítida entre pesquisa básica e aplicada.

Seguindo o conselho do James B. Connat (1893-1978), podemos fazer bem descartando completamente as expressões "investigação aplicada" e "investigação fundamental". Em seu lugar, podemos colocar as palavras "investigação programática" e "pesquisa não comprometida", pois não há uma distinção suficientemente clara entre um programa de pesquisa que visa a um objetivo específico e uma exploração não comprometida que tenta entender uma vasta área da ignorância do homem. Em ambos os casos, isto é, tanto na investigação programática quanto na comprometida, a responsabilidade tanto do gestor público como do privado é cuidar de avaliar o impacto, ou seja, o resultado.

Como cada palavra pode ter mais de um significado, é recomendável definir com clareza o que eu entendo como impacto.

Tanto a investigação programática como a não comprometida podem ser avaliadas pelo impacto intelectual, social ou econômico que produzem. Para mim, impacto tem, pelo menos, duas dimensões distintas, mas conectadas pelos seus resultados: impacto científico e impacto social. Por sua vez, duas características podem ser apontadas nas duas dimensões. O impacto científico trata da geração de ideias que geram novas ideias e, também, da formação de pessoas treinadas para formular novas ideias. O impacto social trata de formular relevos que auxiliem na formulação de políticas públicas baseadas em evidências, bem como elementos que permitam o desenvolvimento econômico sustentável e socialmente justo. Os resultados das várias dimensões e características, quando financiados com recursos públicos, estão interconectados e é imperativo que sejam produzidos com excelência.

É essencial compreender que essa análise trata de resultados globais de um sistema, e não do que se espera de cada pesquisador. Contudo, para que o sistema assim opere, a excelência deve, sim, ser exigência e meta para todos os pesquisadores, respeitando a vocação de cada indivíduo. Não se deve esperar, portanto, que cada cientista formule, além de excelentes ideias, o caminho para a aplicação ou para a criação de uma política pública. A interlocução entre as partes é, claramente, uma responsabilidade sistêmica, e não individual.

O Brasil construiu um sistema amplo e diversificado de Ciência, Tecnologia e Inovação. O Sistema Brasileiro de CT&I é objeto de admiração, tanto no mundo em desenvolvimento quanto nos países desenvolvidos. Ao mesmo tempo, estou convicto de que o sistema enseja e requer ajustes, alguns urgentes, outros que devem ser analisados em uma outra etapa e alguns que somente serão possíveis em um contexto de planejamento de longo prazo. Articulação, comunicação, planejamento e excelência são requisitos imprescindíveis em todo e qualquer quadro da nossa trajetória e, sobretudo, no atual momento do país.

No contexto do sistema de CT&I, em particular do CNPq, merece especial destaque o papel desempenhado pelas parcerias que se estendem, com eficiência e dimensões crescentes, por toda a federação e que incluem atores do sistema público e privado. Parcerias negociadas, que atentem para o interesse das partes, fornecem resultados que, em geral, nunca apenas somam, sempre multiplicam. Essas parcerias são naturais dentro das unidades e órgãos do Ministério de Ciência, Tecnologia e Inovação. Convênios com órgãos de outros ministérios têm produzido oportunidades de projetos de pesquisa com resultados que só podem ser considerados excelentes. Parcerias com as Fundações de Amparo à Pesquisa dos Estados, como as que resultaram na criação do Programa dos Institutos Nacionais de Ciência e Tecnologia, permitiram o início da concretização de objetivos longamente desejados no Brasil: a integração de todas as regiões do país e a desconcentração da produção e aplicação de conhecimento. Crescentes parcerias com o setor privado poderão determinar a construção de ecossistemas de inovação que mudem a face da produção e modernizem grandes setores produtivos brasileiros.

Tendo como base essa percepção geral, adianto a seguir as principais metas e prioridades que busquei imprimir à minha gestão:

» Elevar a qualidade e o impacto da ciência que se faz no Brasil.
» Apoiar a consolidação de centros emergentes em todo o país, criados e estendidos a partir da expansão do sistema universitário federal na última década, principalmente com vistas a diminuir a enorme desigualdade regional da pesquisa no Brasil.

Vencer esses dois desafios simultaneamente parece uma contradição, mas é preciso abordá-los por outro ângulo. Os centros mais desenvolvidos produzem ciência fundamental, e, ao mesmo tempo, partes do sistema se relacionam crescentemente com a produção de bens e serviços, públicos e privados, e também dão suporte à formulação de políticas públicas baseadas em evidência. Esses centros necessitam de especial atenção, pois são os referenciais que precisam aumentar a excelência e os impactos intelectuais e sociais. Aumentar o impacto desses centros requer uma inserção internacional que não se limite a intercâmbio de pessoal. Elaboração e execução de projetos conjuntos de pesquisa com grupos de excelência no exterior, sustentados por financiamento bilateral, ou por terceiras agências, é uma das formas mais eficientes de aumentar a excelência e o impacto da ciência conduzida por pesquisadores que trabalham no Brasil, de aumentar a visibilidade da ciência e tecnologia brasileiras no mundo, bem como o seu impacto social no país. Aceitar esse desafio requer ajustes na forma em que se negociam acordos internacionais e garantia de financiamento plurianual, como o implantado, com enorme sucesso, nos Institutos Nacionais de Ciência e Tecnologia.

Por outro lado, o conjunto de doutores contratados nas universidades federais dobrou nos últimos anos, passando de 40 mil para 80 mil. Não tenho dados que me permitam informar com precisão qual é, hoje, a diferença da idade média do conjunto já contratado em 2006 com a idade média dos que foram contratados desde então. Contudo, espera-se que o conjunto de novos doutores/professores seja significativamente mais jovem. Pois bem, esse novo conjunto pode se afastar do sistema de reflexão e pesquisa se o poder público não reconhecer que os novos talentos, distribuídos ao longo deste país-continente, requerem financiamento específico. Perder essa geração, ou melhor, deixar de integrar toda uma geração no sistema de excelência em CT&I seria, para dizer pouco, uma tragédia, além de condenar o país a um ensino formal e desconectado dos avanços da ciência e tecnologia no sistema universitário global.

Acredito ser possível vencer esses desafios simultaneamente, através de integração. Integração é palavra-chave e ela deve se dar em três instâncias: i) integração de áreas do conhecimento, pois os grandes desafios científico-tecnológicos são invariavelmente de natureza multidisciplinar; ii) integração de instituições de ensino e pesquisa, uma vez que redes de pesquisa podem trazer sinergia nas contribuições individuais; iii) integração de políticas e órgãos, permitindo esforços concentrados entre agências de fomento nacionais e estaduais, e com participação de órgãos pertencentes a diferentes ministérios.

As humanidades e as ciências sociais necessitam de uma atenção especial. Além da sua importância cultural, essas áreas do conhecimento podem contribuir para melhor entender o país e para enfrentar inúmeros desafios contemporâneos. Esses desafios estão relacionados a efeitos das mudanças climáticas, a crises econômicas, hídricas, da segurança alimentar — para mencionar somente alguns. Humanidades e ciências sociais de excelência, firmemente inseridas no país, mas, ao mesmo tempo, com forte presença internacional, podem trazer a interdisciplinaridade necessária para enfrentar o desenho de grandes projetos de relevância mundial. A defesa intransigente da liberdade individual, a luta pela igualdade, o bem comum, a transparência e a procura da excelência são parte dessa meta. O Brasil, com sua dimensão e diversidade geográfica e social, pode e deve se inserir no mundo também através da reflexão criativa sobre si mesmo.

É necessário contribuir para que o sistema de inovação tecnológico esteja alinhado com as prioridades da política industrial e de comércio do Brasil. Quanto a esse desafio, inovar é essencial sempre. Mas é ainda mais urgente em momentos de dificuldades do cenário internacional, atualmente marcado por queda na atividade econômica e intensa competição por mercados.

O CNPq deve assumir um papel preponderante na concepção e execução de políticas de inovação, agindo de maneira integrada com outros órgãos da administração federal, dos estados e junto ao setor privado.

A nossa cultura de financiamento à pesquisa e a gestão institucional resulta muitas vezes num conflito entre o pesquisador ativo, que consegue recursos para pesquisa e o dirigente da instituição. Aumento de espaço, apoio na gestão de grandes projetos e/ou melhores condições de energia são as demandas de pesquisadores, grupos ou instituições que produzem pesquisa de impacto e, por isso, obtêm condições de financiamento. Essa cultura tem de mudar. As instituições têm alternativas para definir sua missão. E as missões podem ser diferenciadas e, não por isso, ter menos relevância para o esforço nacional em prol de um desenvolvimento sustentável e socialmente justo. Mas, se a pesquisa for parte da missão, a gestão institucional deve assumir estruturalmente essa missão.

Cada uma dessas metas se insere no primeiro princípio enunciado no início dessa alocução, isto é, "financiar somente o que só o CNPq pode financiar". E todas as metas estão relacionadas com o segundo princípio: "colaborar na formulação de projetos estratégicos para que ciência básica, pesquisa tecnológica e inovação sejam elementos essenciais para o desenvolvimento sustentável e socialmente justo do país".

Para finalizar, quero parafrasear uma frase de Jack Haldane (1892-1964), eminente biólogo inglês: "Suponho que o processo de aceitação das minhas propostas passará pelas habituais quatro etapas: i) Isso é um absurdo, sem valor, ii) Esta é uma proposta interessante, mas perversa, iii) Isso é verdade, mas pouco importante e iv) Eu sempre disse isso".

DIVULGAÇÃO CIENTÍFICA

A divulgação científica tem tipologias e propósitos distintos que devem ser diferenciados para atingir objetivos definidos. A divulgação científica no Brasil, como em outros países, raramente discute os seus objetivos e, consequentemente, o trabalho e o investimento podem ou não ter utilidade.

Transmitir conhecimento científico estabelecido, numa linguagem adequada para um segmento da sociedade, com o objetivo de aumentar a cultura desse particular segmento, pode ser um objetivo estratégico. Cada um desses termos requer definição, pois nem sempre existe consenso, entre os que fazem divulgação científica, dos significados dessa expressão.

Linguagem adequada, numa sociedade subdesenvolvida desigual e iníqua, com abismos entre segmentos sociais, como a do Brasil, constitui um enorme problema. Estender a compreensão de ciência na população privilegiada, que teve formação adequada no ensino fundamental e médio e, muitas vezes, frequentou universidades de excelência, é relativamente fácil, pois a efetividade de divulgação depende do interesse do sujeito, e não da sua capacidade de compreensão do conteúdo. Para a porção privilegiada da população, basta uma decodificação relativamente trivial do conteúdo científico a ser transmitido para que este possa ser culturalmente incorporado. Afinal, a cultura, os códigos, a linguagem e, claro, muitos dos preconceitos dessa classe são similares aos daqueles que fazem a divulgação científica, pois eles (os divulgadores) raramente deixam de pertencer ao setor socialmente privilegiado.

Amplos setores do capital financeiro, fabril ou agroindustrial parecem não consumir a informação transmitida pelos canais de divulgação científica, em especial quando se trata da ciência brasileira e seu impacto, apesar de, muitas vezes, se beneficiar dessa produção intelectual. Essa afirmação, apesar de não estar quantificada, se faz evidente quando se observa a parca defesa que esse setor tem feito quando a ciência nacional é perseguida ou tratada com descaso. Contudo, parte desse setor social, no Brasil, se curvou perante o discurso negacionista do ex-presidente Jair Bolsonaro e seus asseclas. Uma parte substantiva dos bolsonaristas durante a pandemia de covid-19 contribuiu, direta ou indiretamente, contrapondo-se à tentativa de muitos divulgadores científicos de transmitir informação factual à população. Nem nesse setor social, muitas vezes culturalmente esclarecido, em que a compreensão do conteúdo pode não apresentar problema, há interesse claro e permanente de mensurar a efetividade da divulgação científica. Portanto, sem saber o resultado do esforço e do investimento, pouco se poderá dizer sobre o sucesso ou fracasso da divulgação.

Por outro lado, para a imensa maioria da população que não pertence ao setor privilegiado da sociedade, o problema da divulgação científica é totalmente distinto. A minha percepção é que a divulgação científica que tem como objetivo aumentar a cultura desse segmento da população é um fracasso, em especial quando se considera o aumento de escala, e não esforços pontuais. Noto, porém, que essa percepção pode estar totalmente equivocada, pois a mensuração, também nesse segmento, não é, no meu conhecimento, existente. Apesar disso, e pela minha experiência e de muitos colegas com os quais tenho contato, a divulgação científica nos segmentos mais carentes da sociedade fracassa quase sempre. Os motivos que explicam esse fracasso são simples: falta compreensão dos valores, interesses, linguagens, preconceitos e os conceitos dessa classe social — que, aliás, são imensamente distintos e diferenciados. Para mim, a integração acadêmica daqueles que entendem esse conjunto de valores da grande maioria da população brasileira é um pré-requisito para começar a planejar uma divulgação científica que vise ao aumento de cultura desse segmento populacional majoritário.

A incorporação de atores que pertençam às favelas e comunidades nos grupos de divulgação é também um requisito mínimo caso se queira sucesso. E, claro, a efetividade da divulgação precisa ser mensurada quantitativamente.

Conhecimento científico estabelecido refere-se à descrição do universo de teorias e fatos que constituem consenso, na comunidade dos cientistas, bem como daquilo cuja existência ou explicação é imensamente desconhecida pela mesma comunidade. Também é necessário esclarecer que teorias e explicações podem ser ampliadas ou modificadas por novas descobertas que levam a conhecer fatos antes desconhecidos.

Desde o surgimento do livro de C.P. Snow (1905-1980)[32] sobre as duas culturas (a das ciências e a das humanidades), bem como das guerras culturais que se seguiram, a palavra cultura se refere, exclusivamente, a uma parte do conhecimento humano distanciado da ciência. Devo notar que, tanto para as classes privilegiadas (cultas(?)) como para a maioria da população, a palavra cultura restringe-se a manifestações artísticas, religiosas ou esportivas, com a intervenção da política em tempos divisionistas. Uma pessoa culta, entre os privilegiados, é alguém que sabe quem foi Shakespeare, que, de preferência, tenha lido algo dele e que não acredite que ele seja um pintor. Para o restante da sociedade, o conhecimento futebolístico ou a apreciação de música funk podem caracterizar um indivíduo culto.

Em nenhum dos casos se requer que a cultura inclua, por exemplo, a compreensão da evolução das espécies ou os motivos das mudanças climáticas. Como, para mim, o conhecimento científico é uma parte substantiva do que entendo por cultura, creio que essa palavra deva ser incluída na tipologia do que se entende como cultura. Incorporar ciência à cultura é a única

---

32 Snow CP. *The two Cultures and the Scientific Revolution*. Hawthorne, CA: BNPublishing; 2018.

forma de evitar as interpretações mágicas ou analisar a plêiade de notícias falsas sobre fenômenos naturais e novas tecnologias.

O sistema de pagamento Pix, adotado por uma parcela crescente da população, deve parecer mágico para todos os que não tiveram oportunidade de sequer começar a entender como e por que funciona um smartphone. Sem uma mínima noção de física é quase imperativo aceitar que o pagamento por Pix ou é mágico ou divino.

Da mesma forma, aceitar que a água tem memória e que pode ser energizada quanticamente por agitação repetida é outra forma de demonstrar, tanto aos privilegiados quanto ao resto da população, que a homeopatia deve funcionar[33].

Um dos possíveis focos da divulgação científica é transmitir, numa linguagem adequada, conhecimento científico estabelecido para políticos, com o objetivo de aumentar o investimento em pesquisa científica no país. Esse tipo de divulgação científica se caracteriza pela cuidadosa escolha de temas que despertem o interesse do mundo político e permitam ações legislativas, ou executivas, que garantam (ou aumentem) os investimentos em pesquisa no país.

Mas, também, pode ser transmitir conhecimento científico estabelecido, numa linguagem adequada para o setor privado, com o objetivo de aumentar o apoio que esse setor pode oferecer na consolidação do sistema público de pesquisa no país. A divulgação científica, nesse caso, atende a ações imediatas que defendam ou modifiquem investimentos públicos em pesquisa, relacionados, em geral, a situações sociais prementes, como na pandemia de covid-19, ou a pesquisas que se relacionem com necessidades do sistema privado.

---

33   A minha reflexão sobre a falta de base científica da homeopatia, e de como é difícil lidar com uma controvérsia que já tem séculos (entre os cientistas e os homeopatas), pode ser lida em: https://jornal.usp.br/?p=91123. Publicado em: 1 jun. 2017. Acessado em: 9 dez. 2024.

Como muitos outros colegas, tenho publicado artigos de divulgação em jornais e revistas. A intenção de atingir um público que lê nesses meios é mais do que divulgar, é impactar. Difícil, ao menos para mim, é quantificar o impacto do material que publico. De toda forma, continuo publicando material de divulgação, pois o prazer de vê-los publicados compensa a minha ignorância sobre o impacto. A natureza dos meus artigos é variada e vou comentar alguns deles, como exemplos de potencial repercussão.

O artigo publicado em 2005 sobre biosseguridade[34] não causou maior impacto. Entre outras considerações, eu afirmava que urgia que a Academia se preparasse, pois alguma pandemia viral se aproximava. Quiçá o resultado fosse outro, se uma pressão constante tivesse aumentado o interesse pelo tema. Os motivos pelos quais os cientistas do estado de São Paulo conseguiram reagir com incrível velocidade, na pandemia de covid-19, tem a ver com a política de estado para Ciência, Tecnologia e Ensino Superior, que em nada se relacionam com esse artigo.

No início deste século, a disputa pela implantação dos transgênicos na agricultura nacional foi aguda. Informações falsas eram difundidas o tempo todo por aqueles que não aceitavam nem sequer considerar a hipótese de plantio experimental de soja transgênica em solo nacional. Ao mesmo tempo, as grandes empresas de semente afirmavam que qualquer produto transgênico era seguro. Os conflitos foram agudos, constantes e, algumas vezes, acompanhados de violência. Nessa época, publiquei um artigo que tentou esclarecer, sobretudo, que a discussão sobre transgênicos não era um torneio de futebol, onde se ganha ou se perde, se pode chegar em primeiro ou em último lugar e, portanto, há vencedores ou vencidos[35]. A posição

---

34 Chaimovich H. Biosseguridade. *Estudos Avançados*. 2005;19(55):261-269. doi: 10.1590/S0103-40142005000300019.
35 Chaimovich H. Os Cientistas e os transgênicos. *Folha de S.Paulo*. https://www1.folha.uol.com.br/fsp/opiniao/fz2810200310.htm. Publicado em: 28 out. 2003. Acessado em: 19 dez. 2024.

dos cientistas não pode ser a favor ou contra os transgênicos, por vários motivos que deveriam ser — mas não são — óbvios para qualquer cidadão culto (onde a cultura inclui ciência). O consenso na comunidade científica da época (e creio que se mantenha até hoje) tinha dois aspectos fundamentais. Cada caso deve ser considerado separadamente, pois cada caso é único. Assim, plantar soja no cerrado do Brasil, e provar que essa plantação e seu produto não representam perigo nem ao ser humano nem à ecologia do país, não constitui argumento para plantar tomate transgênico. Tomate é outra espécie de planta, se desenvolve de forma distinta e, portanto, a segurança ambiental e humana tem de ser pesquisada de forma independente. O outro aspecto é que a comunidade científica sabe algumas coisas (no caso da soja a ser plantada no Brasil, se sabia da segurança); mas, em outras, não existe consenso. E, por último, existem temas totalmente desconhecidos. Creio que foi esse artigo que me levou a um convite para depor no Congresso Nacional, quando se discutiu a lei dos transgênicos — finalmente aprovada.

ENSINO SUPERIOR

Quando penso em ensino superior, não posso deixar de considerar, como cientista, os limites dessa designação.

Em um extremo, e quiçá o mais importante, está a manutenção das disparidades sociais do país. Aliás, tenha cautela ao usar o termo "doutor", pois, em determinados setores, particularmente no contexto do Poder Judiciário, se você perguntar para certos funcionários públicos em qual instituição de ensino obteve o doutoramento, você pode ser preso por desacato. A nossa desigualdade social, além de ser uma construção estrutural e fortemente enraizada, é escancarada quando se acredita na universidade como a única forma de ensino superior. Quem disse que um químico é um ser humano superior a um faxineiro? Por que um doutor é um ser humano superior a um técnico que dirige trator em uma plantação de soja? Essa pretensa superioridade está expressa em uma lei, em um texto sagrado ou é pura e simplesmente o resultado de uma disparidade embasada, simultaneamente, na combinação entre construção social e diferença salarial? No Brasil, o tal doutor pode ganhar ao mês muitas ordens de magnitude a mais do que um técnico em eletrônica ou um professor primário. E, isso, pensando exclusivamente em salários; pois os ricos de verdade recebem rendimentos não somente salariais.

Este capítulo trata do aprendizado após o término do ensino secundário. Prefiro chamar esta etapa do aprendizado de Ensino Pós-Secundário (EPS), pois a qualificação de ensino superior pode implicar, em oposição, a existência de um ensino inferior, a ser aprendido fora das universidades. Por muito que possamos criticar o nível de ensino em algumas universidades, creio que seria inadequado qualificá-las como "instituições de ensino inferior".

A inclusão de porcentagens crescentes de jovens entre os 17 e os 24 anos no EPS no mundo todo, mas em particular nos países desenvolvidos, é parte dos projetos estratégicos de todas as nações. Esse objetivo representa um esforço de inclusão, numa sociedade que vem sendo denominada como "sociedade do conhecimento". É inaceitável desejar uma governabilidade democrática, criar empregos dignos, combater a pobreza e construir uma sociedade isenta das iniquidades de hoje, se a juventude ainda tem acesso limitado a EPS.

No Brasil, dados da OCDE mostram que a porcentagem de adultos maiores de 25 anos que possuem EPS não ultrapassa 20%. Em todos os países onde a porcentagem de jovens matriculados no EPS é superior a 30%, as instituições que ministram esse tipo de ensino integram um sistema diferenciado. Após o ensino secundário, vários tipos de instituições, programas e objetivos distintos podem constituir o sistema de EPS. Existem diversas dessas organizações no Brasil e, para não causar polêmicas desnecessárias, não vou citar nenhuma em particular.

A descrição que se segue não é uma classificação e pretende apenas oferecer exemplos de um sistema diferenciado de EPS. Creio que o exercício é necessário, pois, em vários segmentos da sociedade, ideologias pouco dispostas ao diálogo e nem sequer interessadas em conhecer dados internacionais continuam a afirmar que o único tipo de instituição aceitável no EPS é a universidade de pesquisa, onde ensino, pesquisa e extensão são, por alguma definição, indissociáveis.

Comecemos, portanto, pelas universidades, instituições de ensino e pesquisa que oferecem formação de estudantes em programas de graduação e pós-graduação em uma grande variedade de áreas. As universidades concedem diplomas de bacharelado, profissionais, mestrado e doutorado. Dentro dessa denominação, podemos caracterizar grupos de universidades distintos. A Fundação Carnegie elabora, há anos, uma classificação de universidades e de outros sistemas de EPS nos Estados

Unidos e, para diferenciá-los, usa critérios como o número de doutores formados e os aportes externos para pesquisa. Critérios semelhantes são usados por membros da Comunidade Europeia ou pela China.

Esses sistemas de classificação definem as atividades de cada uma das organizações que compõem o sistema de EPS, além de distinguirem as universidades que se dedicam à pesquisa e oferecem diplomas em todas as áreas do saber, tendo uma grande contribuição na formação de doutores. Outras universidades, sem as características mencionadas, podem oferecer excelente educação e formar profissionais em muitas áreas. Universidades podem, também, atender às necessidades regionais específicas, sem ter como objetivo graduação, pesquisa e pós-graduação em áreas do conhecimento que não sejam prioritárias para essa região em particular.

Existem, porém, outras instituições que podem participar na formação de estudantes graduados no ensino secundário. Em determinados países, o termo faculdade é usado para se referir a instituições pós-secundárias que oferecem programas de graduação em áreas específicas como cultura, ciências, negócios ou tecnologia. Essas faculdades podem, ou não, conceder diplomas de pós-graduação.

As faculdades comunitárias, também conhecidas nos Estados Unidos como *junior colleges*, *community colleges* ou escolas técnicas, oferecem programas de graduação de dois anos, bem como programas de treinamento vocacional e técnico. Elas oferecem boa educação, integram imigrantes e podem servir como ponte para transferir créditos para faculdades ou universidades. Os institutos pedagógicos, por sua vez, se dedicam, de forma prioritária, à formação de professores do ensino fundamental ou secundário. Os institutos vocacionais e técnicos concentram-se no treinamento especializado em ofícios, profissões ou campos técnicos específicos. Eles oferecem programas de diploma ou certificado que preparam os alunos para carreiras como técnico automotivo, eletricista, cosmetologista, artistas culinários e muito mais.

As escolas profissionais oferecem programas especializados em áreas como direito, medicina, odontologia, farmácia, engenharia, negócios, jornalismo e outras disciplinas profissionais. As escolas de arte, finalmente, fornecem educação e treinamento em diversas áreas artísticas, como artes visuais, artes cênicas, música, dança, cinema, design e muito mais. Essas escolas oferecem programas que levam a diplomas em áreas artísticas específicas.

Com o avanço da tecnologia, a educação on-line e os cursos a distância têm se tornado cada vez mais populares. Muitas universidades e faculdades oferecem, agora, programas e cursos virtuais que permitem, aos alunos, estudar remotamente e de acordo com seu próprio ritmo.

O sistema de EPS pode ser flexível e ter uma consistência tal que estudantes graduados de certa instituição possam se juntar a alunos de outra instituição com créditos reconhecidos e sem a necessidade de serem submetidos a processos de seleção.

Essa descrição sumária, ao propor o debate sobre a diversificação do ensino pós-secundário, denota também a minha rebeldia em relação a posições que afirmam que o único caminho a trilhar depois da escola é a universidade.

Levanto, também, uma discussão sobre uma suposta isonomia, claramente artificial, que pretende que todas as instituições que se intitulam como universidades devam ter as mesmas missões, características, necessidades e estilos de governança. Em muitos países, sistemas diferenciados permitiram não apenas aumentar o número de adultos com grau pós-secundário, mas criaram condições para gerar melhores empregos e uma sociedade mais igualitária — e, portanto, mais justa.

SOBRE UNIVERSIDADES

Minha reflexão sobre universidades, a sua autonomia e suas responsabilidades foi influenciada por vários autores e pela minha longa vivência trabalhando nessas instituições. Um personagem que, há décadas, me marca é Haim Herman Cohn (1911-2002). Nascido na Alemanha, emigrou definitivamente a Israel em 1933 e chegou a ser juiz da Corte Suprema. Além de ser professor na universidade, influenciou centenas de alunos e, claro, a mim. Haim H. Cohn, prolífico escritor, nunca escreveu um livro sobre a sua visão da responsabilidade da universidade, mas fez um discurso sobre o tema em 1971, enfatizando o importante papel dessas instituições na promoção de valores democráticos e no avanço dos direitos humanos. Em parte desse discurso, ele afirma:

> A universidade não é uma instituição isolada. Ela faz parte da sociedade, com responsabilidades para com a sociedade. Uma das suas principais responsabilidades é promover valores democráticos, como liberdade de expressão, direitos humanos e estado de direito. As universidades também devem educar os seus alunos sobre as responsabilidades que vêm com esses direitos, incluindo o dever de respeitar os direitos dos outros. Além disso, as universidades devem ser vigilantes na proteção da liberdade de pesquisa. Elas não devem permitir que a pressão política ou a censura interfiram na busca do conhecimento e da verdade. A liberdade acadêmica é essencial para o avanço do conhecimento e para o desenvolvimento de uma sociedade democrática. As universidades devem estar cientes do seu papel na formação do futuro da sociedade. Elas devem contribuir para o desenvolvimento de políticas públicas e envolver-se com a comunidade em geral. As universidades devem estar dispostas a enfrentar

os desafios da sociedade e trabalhar em busca de soluções que promovam o bem comum.[36]

Universidades ativas e engajadas para cumprir as responsabilidades a elas outorgadas pela sociedade têm um papel crítico a desempenhar na promoção da democracia e dos direitos humanos. Para isso, é essencial a autonomia universitária, ou seja, a capacidade de se governar sem interferência de atores externos como governos, partidos políticos ou outras organizações. A autonomia universitária também é essencial para a busca do conhecimento, o desenvolvimento do pensamento crítico e a promoção dos valores democráticos. A responsabilidade da universidade de servir ao interesse público é exercida pela pesquisa, ensino e pelo envolvimento da comunidade. No entanto, as universidades devem ter autonomia para determinar a melhor forma de atender ao interesse público, sem interferências.

É importante deixar claro que a autonomia de uma instituição como a universidade não se confunde com soberania nem com independência da legislação do Estado. A liberdade acadêmica é a pedra angular da autonomia universitária, pois as universidades devem ser livres para buscar o conhecimento e a verdade sem medo de pressão política, censura ou interferência. Essa liberdade deve se estender tanto às funções de ensino quanto de pesquisa. As universidades devem ter o direito de se autogovernarem. Isso inclui o direito de estabelecer suas próprias políticas e procedimentos, escolher seus próprios líderes e administrar seus próprios negócios.

Nada nessa liberdade de escolha obriga a procedimentos de seleção de lideranças característicos de outro tipo de instituição. E, assim, a pretensa democratização na escolha de dirigentes universitários através do voto, paritário ou não, nada mais é senão a transferência de um mecanismo adequado para a

---

36   Discurso de Haim H. Cohn, ao receber o grau de Doutor Honorário da Universidade de Tel Aviv em 1971.

designação de um prefeito, deputado, senador ou presidente a uma instituição com uma responsabilidade distinta, outorgada pela sociedade, para cumprir outros fins.

As universidades deveriam promover valores democráticos, como liberdade de expressão, direitos humanos e estado de direito. Elas têm a responsabilidade de educar seus alunos sobre esses valores e garantir que suas próprias políticas e práticas os reflitam.

MINHA UNIVERSIDADE IDEAL[37]

Pertenço às gerações nascidas entre as décadas de 1930 e 1960 do século passado e, durante quase toda a minha vida adulta, fui professor universitário. Muitos anos de vivência, leituras variadas e contato com pensadores formaram as minhas ideias sobre a universidade e os seus professores. A minha espécie não está em extinção; mas, observando as mudanças ocorridas nas últimas décadas, é possível que o professor universitário, em breve, tenha características diferentes daquelas que apresentava em minha geração.

Hoje não faltam instituições que se denominam universidades, embora esse título englobe um espectro de instituições mais amplo que o da luz visível. Assim, o emprego de "professor universitário" só tende a crescer. Mas de que tipo de instituição universitária e de que tipo de professor estamos falando?

Para explicar o que quero dizer, é de bom alvitre descrever a universidade dos meus sonhos, que se parece com a Universidade de São Paulo (USP) ou com a Universidade Estadual de Campinas (Unicamp), *pero no mucho*.

O conceito de universidade, no Ocidente, nasceu no século XI, na Itália e na Inglaterra, pela vontade de homens que queriam ensinar e adquirir conhecimento sem a limitação das rédeas do poder eclesiástico ou monárquico. Esse conceito se alastrou pela Europa e chegou até algumas regiões da América. Wilhelm von Humboldt, no século XIX, implanta, na universidade, a unidade entre pesquisa e ensino, colocando um toque genial a uma instituição que é um dos alicerces da nossa civilização.

As tensões entre o poder político e/ou religioso e as universidades são, muitas vezes, agudas, especialmente quando as universidades exercitam a sua autonomia e formam pessoas críticas.

---

[37] Chaimovich H. Universidade de Pasárgada. *Jornal da USP*. https://jornal.usp.br/?p=641427. Publicado em: 19 maio 2023. Acessado em: 9 dez. 2024.

É evidente, para qualquer leitor que tenha vivido no Brasil nos últimos anos, ou na Hungria, onde o primeiro-ministro Orban chegou a expulsar uma universidade do país, que esse tipo de conflito, que já dura séculos, continua atual.

Quando as tentativas de controle pelo poder político, econômico ou religioso vinham somente de fora, as universidades conseguiram se defender relativamente bem, mantendo sua missão, independência e autonomia. Mas, quando a unidade interna das instituições começou a ruir, a coisa tornou-se mais complicada. E as forças que tendem a romper a unidade interna de uma instituição são muitas e crescentes. Menciono algumas, por ser sempre bom explicitar o que se quer dizer.

A separação entre as ciências naturais e as humanidades precipitou uma calamidade intelectual que nos persegue até hoje. A palavra cultura foi apropriada pelas humanidades como se fosse patenteada. As ciências naturais, por outro lado, foram definidas socialmente como as únicas responsáveis pela tecnologia e pela sua exploração comercial. Nasciam as duas culturas. É interessante (adoro essa palavra, que sempre uso quando não desejo comprometer-me) que essa ruptura calamitosa nunca tenha encontrado uma resistência interna forte. Ao contrário, a universidade foi palco (e continua sendo) para aprofundar essa divisão.

Outro elemento de divisão interna, este característico da América Latina, é o mecanismo de escolha das lideranças acadêmicas. Como entidades autônomas, as universidades, neste continente, foram refúgio de perseguidos políticos, palcos de lutas político-partidárias e centros de contestação a regimes totalitários. Desde a revolta de Córdoba, na Argentina, em 1917, e o ressurgimento do movimento estudantil combativo, a eleição paritária de lideranças acadêmicas constitui um tema de debate e de divisão interna.

A falta de reconhecimento das universidades públicas, pela maioria dos governantes na América Latina, com a complicação adicional da flexibilização do termo "universidade", contribui para o aviltamento dos salários dos funcionários. Simultaneamente, a falta de compreensão das missões das universidades e a consequente pressão por serviços por parte de entidades privadas, que podem complementar os reduzidos salários, colabora para rupturas no corpo docente.

É claro que cada um desses elementos de desunião, além de alguns não mencionados, mereceria um artigo separado. Mas os coloco como exemplos das pressões que, por romper a união interna da universidade, fazem-na menos resistente a pressões externas.

Eu quis passar minha vida em uma universidade de pesquisa humboldtiana, onde, pela minha ingenuidade juvenil, fosse possível, pela ciência, contribuir para uma sociedade mais justa neste continente, formando estudantes com pensamento crítico e independente, sem outros compromissos que me afastassem do caminho escolhido. Também estou convencido de que a universidade de pesquisa não pode ser o único tipo de instituição que ofereça ensino superior. Universidades que formam profissionais, institutos tecnológicos, entre muitas outras instituições que podem fornecer formação pós-secundária são partes de sistemas de ensino no mundo todo. De fato, apenas em poucos países é que a universidade de pesquisa constitui o único caminho para estudantes depois do ensino secundário. Mais uma frase que merece um artigo separado.

Nessa universidade de pesquisa que imagino, ingressar como docente seria um desafio difícil. E ser aceito como aluno, tão árduo quanto. Todos os professores pesquisam, ensinam e interagem com a sociedade. Dificilmente são ótimos em tudo, mas certamente tentam. Aqueles que selecionam os estudantes querem jovens de procedências diferentes e que, em vez de serem depósitos de conhecimento, sejam criativos, com pensamento independente e capazes de pensar o seu tempo e espaço fora dos padrões habituais. Esse tipo de estudante somente pode ser selecionado por meio de entrevistas.

Estudantes e professores pesquisam juntos e, às vezes, é difícil distingui-los. Os professores têm tempo para pesquisar, ensinar, conversar com a comunidade, pois não são obrigados a participar de longas reuniões burocráticas, nem de tarefas que os separem das suas responsabilidades como docentes universitários. E, como podem sobreviver decentemente com os seus salários, não andam atrás de aportes financeiros que os obriguem a se afastar da sua missão.

É claro que estudantes e professores podem estar dispostos a conversar com os centros de pesquisa de empresas, para pensarem e desenvolverem juntos. Sem dúvida, necessidades da sociedade podem constituir linhas de pesquisa de grupos das humanidades e das ciências naturais. Sotaques do país todo, e de muitos lugares no estrangeiro, são ouvidos pelos corredores, discutindo filosofia ou ciência. Professores e alunos de todas as cores organizam festivais anuais, abertos para toda a sociedade, nos quais contam o que fazem e ouvem as necessidades daqueles que estão em seu entorno.

O reitor está nessa posição, pois seu passado acadêmico o qualificou, tendo sido escolhido por um conjunto amplo de professores e por membros da comunidade externa. O reitor representa essa instituição que, por falta de um melhor nome, chamarei de Universidade de Pasárgada (UDP), lembrando aqui o poema de Manuel Bandeira (1886-1968)[38].

É nessa universidade que pesquisa, que forma seres humanos autônomos e que permanece em contato com a sociedade que eu gostaria de renovar o meu contrato de vida, se tivesse uma segunda oportunidade.

---

38 Manuel Bandeira, no livro *Libertinagem,* descreve um refúgio imaginário no poema "Vou-me embora para Pasárgada", onde só há espaço para os prazeres da vida.

UNIVERSIDADES DE PESQUISA

O tema "universidades de pesquisa" me preocupa há muito. Ocupando a pró-reitoria da USP (1997-2001), preparei um folheto descrevendo-a como uma universidade de pesquisa. O reitor da USP naquele período, Jacques Marcovitch, decidiu aceitar o desafio de organizar um grupo de discussão que contasse com a presença dos reitores e pró-reitores de pesquisa de um pequeno grupo de universidades brasileiras. As ideias centrais atrás da organização desse grupo eram simples: reconhecer que, dentro do amplo grupo de universidades brasileiras, as necessidades das universidades de pesquisa eram distintas e, portanto, seria conveniente que as administrações pudessem trocar experiências e tentar resolver problemas conjuntamente.

Apesar das boas intenções, que em nenhum momento discriminavam universidades, mas pretendiam discutir problemas típicos de um grupo delas, houve uma violenta reação corporativa que levou a dissolver esse grupo após uma ou duas reuniões. É dentro desse contexto que o artigo transcrito a seguir representa uma parte das minhas preocupações. Trata-se de um artigo de opinião, publicado em 2017, no jornal *O Estado de S.Paulo*, por mim e por Carlos Henrique de Brito Cruz[39]:

> Universidades de classe mundial exibem excelência na educação, na pesquisa, nas suas interações com a sociedade, têm destaque global, desempenham papel fundamental nos sistemas de ensino superior e no desenvolvimento da economia global do conhecimento. Essas universidades servem às necessidades nacionais e

---

39 Chaimovich H, Brito-Cruz CH. Universidades brasileiras de classe mundial. *O Estado de S.Paulo*. https://www.estadao.com.br/opiniao/espaco-aberto/universidades--brasileiras-de-classe-mundial/?srsltid=AfmBOopSl9cc6P_Ka7BTQCQ9KOb4Di6kTl-M2g17jpdgJn9t0rdTjc2Ts. Publicado em: 31 out. 2017. Acessado em: 19 dez. 2024.

promovem o bem público formando a elite intelectual, liderando o progresso da ciência e da tecnologia, em permanente contato com o cenário científico, tecnológico, cultural e político internacional. Nos últimos anos, número crescente de nações, como Alemanha, França, China e Espanha, organizaram programas para intensificar a excelência acadêmica de algumas de suas universidades a fim de incluí-las no grupo das mais destacadas do mundo.

Nos rankings globais das mais de 20 mil instituições que se denominam universidades, são avaliadas menos de mil. Nesses rankings há muitos defeitos e idiossincrasias, mas também pontos em comum que podem auxiliar a começar a entender o nosso desafio e os meios para enfrentá-lo. Os critérios de ordenação variam entre os rankings com influência internacional, mas em geral contemplam variáveis como qualidade da educação, empregabilidade dos formandos, qualidade do corpo docente, quantidade e impacto internacional das publicações, influência ou visibilidade da universidade, impacto da produção intelectual e das patentes, composição internacional do corpo de estudantes e docente. Há uma interessante coincidência na colocação das 20 ou 30 mais bem classificadas e também no fato de não haver nenhuma universidade brasileira entre as cem instituições mais bem classificadas do mundo.

As universidades brasileiras mais bem colocadas ocupam posições que variam segundo o ranking. As primeiras posições no recente ranking do *Times Higher Education* são ocupadas por USP (251-300), Unicamp (401-500) e Unifesp (501-600). No *QS Best University Rankings* de 2017 as posições de USP, Unicamp e UFRJ são 121, 182 e 311, respectivamente. Já no sistema ARWU (*Shanghai Ranking*) as posições relativas são USP (151-200), UFRJ (301-400) e Unesp (301-400). Em geral, os indicadores de volume de produção elevam a posição das universidades brasileiras e os que medem qualidade, como prêmios globais, visibilidade das publicações e internacionalização, as deixam em desvantagem.

São 21 as brasileiras que figuram entre as mil universidades mais bem classificadas pelo *Times Higher Education World University Rankings* em 2018. Assim, existe no país um contingente de instituições com capacidade de almejar, dependendo de condições e estímulos objetivos, um lugar entre as mais destacadas do mundo. Mas não é por causa dos rankings que o Brasil precisa melhorar o desempenho de suas universidades. É, sim, porque no mundo moderno só conseguem prosperar e criar melhores condições para seu povo as nações que dominam a criação e a aplicação do conhecimento. Por isso urge um programa nacional oferecendo condições para que algumas universidades brasileiras ganhem competitividade global. A experiência internacional mostra que deveríamos considerar um programa para apoiar algumas delas, selecionadas de forma rigorosamente competitiva, com base em planos de desenvolvimento institucional que demonstrem a possibilidade de ganharem competitividade mundial, demonstrando o resultado em dez anos.

Um dos maiores desafios para a busca da excelência acadêmica é o estabelecimento de um sistema de governança institucional que dê prioridade a valores acadêmicos reconhecidos internacionalmente. Um programa do tipo proposto não se pode limitar a oferecer recursos, precisa estimular e tornar viáveis reformas institucionais. As universidades devem ser estimuladas a planejar ações institucionais eficazes que descrevam metas, custos adicionais e métricas de desempenho e avaliação. Tais ações devem aumentar o impacto científico, social e econômico da instituição, segundo padrões internacionais, e não podem limitar-se a aumentar a infraestrutura de pesquisa. Em planos de outros países é fácil notar que se busca incrementar a inserção nacional modificando o ensino e a pesquisa e a relação de ambos com os setores público e privado. Busca-se tornar a universidade mais atraente para os melhores estudantes e professores, desenvolvendo a colaboração e a reputação internacionais.

Para que um plano dessa natureza funcione é preciso que seja nacional, e não apenas federal. Requer que o Poder Executivo, nos níveis federal e estaduais, esteja disposto e comprometido a realizar modificações em peças de legislação que obstam o desenvolvimento acadêmico. É preciso garantir estabilidade e autonomia sobre o orçamento designado, incluindo a dotação de pessoal, custeio e capital, além de flexibilidade institucional para definição de salários e processo de seleção e promoção. Exatamente porque vivemos tempos conturbados no Brasil é essencial adotar já iniciativas arrojadas e transformadoras que contribuam para construir um Brasil melhor, uma Nação mais forte, justa e sustentável. Não foi por acaso que a China e a Alemanha apostaram em programas de excelência para melhor se colocarem no cenário internacional. Universidades de classe mundial inserem o país competitivamente, mas não só para avançar nos rankings. Universidades capazes de formar lideranças internacionalmente em todas as áreas fazem a sociedade mais informada e inteligente, nutrem os centros de inovação, produzem formuladores de políticas públicas e atuam nas áreas sociais e culturais. Como entidades de referência, elevam os referenciais nacionais, definindo muito melhor as chances para o país num mundo que avança com base no conhecimento. Era esperado, e aconteceu, que a reação de parte da comunidade acadêmica, e de associações políticas de extrema esquerda, se sentissem ofendidas (por usar uma palavra suave) por esta chamada a reflexão. Depois de tudo a tal da isonomia parece ser palavra sagrada para alguns setores da sociedade.

CIÊNCIA E ANTICIÊNCIA

Os episódios da série *O problema dos 3 corpos*[40] são inspirados no primeiro volume da trilogia escrita por Cixin Liu, um premiado escritor chinês de ficção científica. Sucesso de público e crítica, essa série convida a uma reflexão sobre a fragilidade da comunidade científica e da própria ciência, hoje, no mundo. Nos livros de Cixin Liu, as forças que pretendem destruir os cientistas e, assim, acabar com a produção de ciência na terra, vêm do espaço sideral. Os movimentos anticiência que incluem ataques aos cientistas vêm, há tempos, de diversos setores em nosso planeta.

Inúmeros movimentos anticiência conspiram para desacreditar todo o universo da ciência — e os cientistas, em particular —, militando contra algumas áreas da ciência, oferecendo explicações (e aplicações) distantes de quaisquer evidências científicas ou criando universos paralelos onde nem sequer os fenômenos observáveis são aceitos como realidades.

Seria um erro, porém, acreditar que o fenômeno anticiência é recente. Os movimentos anticientíficos remontam ao Romantismo, nos séculos XVIII e XIX. Os românticos enfatizaram a emoção, a intuição e a conexão com a natureza, em detrimento do racionalismo e do materialismo científico do Iluminismo. A ênfase do movimento romântico na emoção, na natureza e na desconfiança do racionalismo se agudiza na Revolução Industrial. A ciência, no início da industrialização, era vista como uma força que desumanizava e perturbava os modos de vida tradicionais. A industrialização trouxe uma rápida mecanização, deslocando artesãos qualificados, além de sua base

---

40 Benioff D, DB Weiss, Woo A. *O Problema dos 3 Corpos* [Ficção científica]. Estados Unidos: Netflix; 2024.

de conhecimentos tradicionais, e criando ressentimento em relação aos desenvolvimentos científicos que permitiam essas mudanças. Os sentimentos anticientíficos desempenharam, em parte, um papel de oposição à Revolução Industrial.

Na verdade, os principais fatores que determinaram a revolta de artesãos, durante a Revolução Industrial, incluíram dificuldades econômicas, falta de proteção laboral e privação de direitos políticos. Embora a anticiência tenha desempenhado um papel, muitas vezes estava interligada com essas questões mais amplas.

Até hoje, certas invenções despertam suspeitas e medo e, às vezes, despertam também movimentos violentos que pretendem destruir o novo. O movimento dos luditas, por exemplo, era um movimento de trabalhadores têxteis que destruíam máquinas, que viam como uma ameaça aos seus meios de subsistência. Embora não sejam explicitamente anticientíficas, as suas ações representavam oposição às mudanças tecnológicas que impactavam as suas vidas.

Hoje, a anticiência pode resultar de pontos de vista políticos, religiosos ou filosóficos fortemente arraigados. Em particular, alguns grupos de extrema-direita rejeitam a ciência climática, devido a posições antiambientalistas ou antirregulamentação, em nome de uma mal definida liberdade. Crenças anticientíficas também prosperam entre os adeptos de várias teorias da conspiração, em que as comunidades científicas se retratariam como mal-intencionadas, compradas por grandes corporações ou procurando o controle do mundo.

Os movimentos antivacina são um exemplo proeminente, nos quais interesses políticos de extrema-direita e teorias da conspiração inspiram a recusa em aceitar o — já cientificamente demonstrado — benefício das vacinas. Os grupos antivacina, uma parte dos movimentos anticiência, podem servir como exemplo de movimentos complexos, sustentados por correntes ideológicas distintas. Os antivacina têm componentes políticos, entrelaçados com teóricos da conspiração e, às vezes, amparados por pseudocientistas.

Embora a causa seja desconhecida, políticos de extrema-direita no mundo todo, ao menos no início da pandemia, formaram parte da resistência às vacinas contra o vírus SARS-Cov-2.

A variedade de teorias da conspiração antivacina (e anticiência, em geral), que também persegue cientistas, é tamanha, que requer um tratado até para descrevê-las. Muitas, porém, usam elementos que afirmam que os cientistas estão trabalhando para satisfazer interesses escusos de grupos econômicos ou políticos.

As redes sociais produziram uma avalanche de pseudocientistas que, muitas vezes, transformam-se nos arautos da anticiência em temas específicos. A sequência de aparição é sempre similar: a apresentação de um currículo, real ou imaginário, fornecendo credenciais, seguida por um longo discurso que tenta convencer que as vacinas matam ou que são as grandes empresas que atacam a homeopatia.

A retórica anticientífica pode também ser alimentada por empresas, como demonstrado na negação dos malefícios do tabaco, durante décadas, pela indústria do cigarro. Ou por algumas empresas de energia, que minimizam as alterações climáticas.

É oportuno adicionar que, senão todos, quase todos os militantes dos movimentos anticiência usam produtos ou serviços que decorrem de descobertas científicas, como o telefone celular (que, hoje, tem pouco de telefone e muito de sistema de entretenimento e comunicação).

Tomo como exemplo o telefone celular pois, se você não acredita que esse aparelho seja produto de uma série de descobertas científicas, as únicas explicações para o funcionamento desse objeto provêm da magia ou da intervenção direta dos deuses[41]. Mas, espera aí, o que é a tal da magia, e onde estão

---

41 Chaimovich H. Magia, Ciência e pagamento de contas. *Revista Questão de Ciência*. https://www.revistaquestaodeciencia.com.br/artigo/2020/11/19/magia-ciencia-e--pagamento-de-contas. Publicado em: 19 nov. 2020. Acessado em: 9 dez. 2024.

os deuses? A magia é o desempenho ritual ou atividade que acredita influenciar eventos humanos ou naturais pelo acesso a uma força mística externa, além da esfera humana comum. A magia foi considerada inteiramente distinta da religião, por consistir em manipulação externa, em vez de súplica. Mas tanto a magia quanto a religião estão preocupadas com os efeitos de forças místicas externas sobre a existência humana. Assim, magia e religião são genericamente semelhantes e conectadas, com a diferença específica de que a magia é geralmente um assunto mais impessoal e mecânico, com ênfase na técnica.

Mas usar o celular não precisou de rito, força mística ou apelo a seres superiores. Foi só apertar um par de teclas virtuais. A resposta é simples e se resume numa única palavra: ciência. Sem a contribuição de gigantes como Albert Einstein (1879-1955) — sim, o velho que mostra a língua, numa foto famosa — seu celular não saberia onde está. Alguns elementos da imensa quantidade de ciência que foi necessária para chegar a um "celular inteligente" se relacionam com a física moderna, a química sintética e a capacidade humana de programar um computador.

Como a criação de conhecimento pelos cientistas está, também, nos carros elétricos, nos carros a álcool e tantos etc., permito-me afirmar que estamos totalmente rodeados por ciência. E que magia nenhuma permitiu que tudo isso nos acompanhasse hoje. E, como não podemos esperar que apareçam soluções mágicas, somente continuando a investir em ciência e em cientistas poderemos enfrentar desafios novos e conhecidos.

E amanhã? Como será o nosso entorno, qual será a forma em que nossos netos vão se comunicar? Não dá para prever. Só o que sabemos é que, para mitigar o dano já feito em nosso planeta, para criar melhores condições de vida, para diminuir a fome, a sede e a iniquidade que nos rodeiam, só temos a ciência já feita. E muita ciência a fazer.

UM EXEMPLO DE BOICOTE CONTRA A LIBERDADE DA INTERNACIONALIZAÇÃO DA CIÊNCIA

Em 2024, os cientistas residentes em Israel estavam sendo barrados em eventos científicos internacionais, sendo desconvidados como conferencistas em muitos países, encontrando dificuldades para aplicar ou receber auxílios internacionais e publicar artigos. Os israelenses que estudam ou são pós-doutores fora de Israel estão, a cada dia, enfrentando novas dificuldades e ameaças. Além da ruptura da liberdade de circulação internacional de cientistas, o mundo está perdendo a contribuição ao conhecimento e a inovação dos cientistas israelenses.

Alguns dos comentários usados para discriminar cientistas israelenses, publicados em artigo do jornal israelense *Haaretz* incluem, em tradução livre[42]: "Lamento informá-lo de que temos que retirar nosso convite. Essa decisão foi tomada pela comissão organizadora da conferência. O argumento é evitar a colaboração com representantes de países envolvidos na guerra em curso"; "Um colega na Europa informou-me que precisa remover o nome de um dos meus ex-alunos de um artigo de coautoria, porque [...] a universidade [...] é contra qualquer colaboração com Israel"; "Meu parceiro de pesquisa solicitou que não submetêssemos solicitações conjuntas de subsídios a fundações de pesquisa"; "Um chefe de laboratório com quem trabalhei por muitos anos disse que acha difícil trabalhar com israelenses"; "Um colega em um país europeu recebeu ameaças porque estava colaborando com Israel".

---

42 Informação disponível em: https://www.haaretz.com/israel-news/2024-04-12/ty-article-magazine/.highlight/amid-gaza-war-israeli-academia-faces-an-unprecedented-boycott/0000018e-cee6-d5ed-adcf-fff6f1d00000. Publicado em: 12 abr. 2024. Acessado em: 17 abr. 2024.

Outro exemplo desse boicote é a recusa de uma revista especializada em analisar um trabalho científico, pois o autor — que é israelense — recebeu a seguinte comunicação do editor:

> Lamentamos informar que não podemos considerar sua submissão para publicação devido ao compromisso da revista com as diretrizes do BDS, que inclui "retirar o apoio das... instituições culturais e acadêmicas de Israel"[43]. Agradecemos por enviar seu trabalho para a Crítica Cultural e esperamos por tempos melhores.

A tentativa de marginalização de cientistas e estudantes israelenses não é nova, mas o conflito recente elevou o grau de discriminação às raias do inaceitável, especialmente porque a história das ciências mostra que a colaboração científica internacional é parte central do avanço do conhecimento. A colaboração entre cientistas, ainda em tempos de conflitos, existe desde tempos imemoriais. E, apesar disso, uma proposta de resolução recente apresentada para o Conselho Universitário da Unicamp propõe que a Universidade denuncie e termine com o acordo com o Technion de Israel.

Os estudiosos gregos fazem referência ao conhecimento do Egito e da Mesopotâmia. Os filósofos gregos interagiram com estudiosos do Egito, Babilônia e de outras regiões. Esse intercâmbio lançou as bases para avanços em áreas como matemática, astronomia e medicina.

Durante a Idade de Ouro da ciência islâmica (aproximadamente entre os séculos VIII a XIV), estudiosos de cidades como Bagdá e Córdoba traduziram textos gregos antigos, sintetizaram conhecimentos da Índia e da China e fizeram novas descobertas na medicina, astronomia, matemática e óptica; construindo uma ponte entre o mundo antigo e o posterior Renascimento europeu. O Renascimento e a Revolução Científica foram períodos de maior comunicação e colaboração em toda

---

43 Disponível em: https://bdsmovement.net/what-is-bds. Acessado em: 9 dez. 2024.

a Europa. A formação de sociedades científicas como a Royal Society (Reino Unido) e a Societé des Savants, na França, já no século XVII, facilitaram a correspondência e o intercâmbio de descobertas entre cientistas além-fronteiras.

Se a colaboração científica tem uma longa história, o que destaco é que, diferentemente da discriminação atual, a colaboração entre cientistas existiu ainda durante períodos de agudos conflitos nacionais.

A história da ciência mostra tanto os obstáculos como as motivações para a colaboração transfronteiriça. Apresenta um quadro complexo do idealismo humano, do pragmatismo e das tensões inerentes às comunidades científicas em tempos de crise. Apesar dos conflitos em curso, como a Guerra dos Trinta Anos (1618-1648), cientistas europeus como Galileu, Kepler e Descartes mantiveram correspondência e partilharam ideias através das fronteiras nacionais. Suas descobertas em astronomia, física e matemática transcenderam as divisões políticas da época. Durante as Guerras Napoleônicas, o químico britânico Humphrey Davy recebeu permissão especial de Napoleão para viajar para a França e colaborar com cientistas franceses. Isso realça como, mesmo durante a guerra, o interesse mútuo no progresso científico pode, por vezes, encontrar um caminho.

Embora a Primeira Guerra Mundial tenha perturbado gravemente a colaboração científica, algumas iniciativas humanitárias e científicas continuaram. Nessa guerra, a Cruz Vermelha Internacional envolveu médicos e cientistas de nações em conflito para trabalharem na melhoria da medicina no campo de batalha. Apesar das tensões políticas, a ciência, às vezes, funcionava como uma ponte entre as nações.

Uma das organizações internacionais que, durante quase um século, tem sido a voz global da ciência e a defensora da mobilidade internacional dos cientistas é o Conselho Internacional de Uniões Científicas (ICSU). O ICSU é formado por uniões internacionais das ciências e representações de Estados

Nacionais, catalisa e reúne conhecimentos científicos, aconselhamento e influência sobre questões de grande preocupação, tanto para a ciência como para a sociedade, através de uma associação global única de ciências naturais, sociais e humanas. A importância da colaboração internacional e a proteção à liberdade dos cientistas em áreas de conflito — daqueles que são perseguidos pela sua nacionalidade, religião, orientação sexual ou que não conseguem vistos de entrada para expor seus resultados em algum congresso internacional ou fazer uma visita de trabalho por algum desses motivos — formam parte do trabalho da ICSU. Durante seis anos ocupei uma posição na organização, primeiro no Conselho e, depois, na Diretoria da ICSU.

Um dos comitês da ICSU se denomina Liberdades e Responsabilidades em Ciência. A missão desse Comitê é garantir o direito dos cientistas de participar em investigações científicas, de prosseguir e comunicar conhecimentos e de se associar livremente em tais atividades. Os princípios da liberdade e da responsabilidade, na ciência, é a sua prática livre e responsável, fundamental para o avanço científico e o bem-estar humano e ambiental. Tal prática, em todos os seus aspectos, exige liberdade de movimento, associação, expressão e comunicação para os cientistas, bem como o acesso equitativo a dados, informações e outros recursos para investigação. Ao defender a prática livre e responsável da ciência, a ICSU promove oportunidades equitativas de acesso à ciência e aos seus benefícios, e se opõe à discriminação baseada em fatores como origem étnica, religião, cidadania, língua, opinião política ou outra, sexo, identidade de gênero, orientação sexual, deficiência ou idade.

Creio que as academias de ciência do Brasil deveriam considerar a oportunidade de se manifestar, então, sobre essa e quaisquer discriminações de cidadãos, baseadas em fatores como origem étnica, religião, cidadania, idioma, opinião política ou outra, sexo, identidade de gênero, orientação sexual, deficiência ou idade. Uma manifestação desse teor reafirmaria a importância da contribuição das academias de ciência do Brasil para a liberdade essencial do mundo acadêmico.

ORGANIZAÇÃO DAS NAÇÕES UNIDAS PARA A EDUCAÇÃO, CIÊNCIA E CULTURA (UNESCO)

Como membro do Conselho desde 2002, e como um dos vice-presidentes do International Council of Scientific Unions (ICSU), entre 2005 e 2008, tive a oportunidade, o prazer e a honra de conhecer e de me relacionar com uma série de cientistas, administradores de ciência e executivos de organizações internacionais — muitos deles, brilhantes, e com os quais não cansei de aprender. Provavelmente por isso, e por perder a eleição para presidente da ICSU em 2008, fui convidado, no mesmo ano, a escrever o capítulo "Brasil" do relatório quinquenal da Unesco sobre ciência no mundo, que seria publicado em 2010.

Escrever esse capítulo é um desafio enorme, pois se trata de olhar para o progresso da ciência no país, para as relações com os setores públicos e privados e com a sociedade no Brasil no último quinquênio. De início, julguei que enfrentar essa responsabilidade sozinho era impossível e, portanto, propus para Carlos Henrique de Brito Cruz, então diretor científico da Fapesp, para escrevermos juntos o texto. Para minha sorte e satisfação, Brito topou. Depois de saber disso, me comuniquei com a responsável na Unesco, Susan Schneegans, aceitando o desafio com o Brito. Menciono Susan porque a ajuda dela e a leitura crítica (exaustiva) que fez de todos os capítulos que escrevi para a Unesco foi determinante para garantir a qualidade dessas contribuições.

O lançamento do livro, tanto na França como no Brasil foi um sucesso inesquecível. Apresentei-o na sede da Unesco (no YouTube ainda se pode ver parte da minha intervenção) e

Brito foi recebido no Senado para o lançamento do livro e do capítulo "Brasil". Em 2010, o tom do capítulo era compatível com a situação que o país vivia, um espírito de moderada esperança e, portanto, o governo brasileiro deu a devida importância àquilo que tínhamos escrito.

A aceitação — e, sem modéstia, eu diria, o sucesso — de nossa contribuição à análise do papel da ciência no Brasil deve ter determinado o novo convite que recebi para escrever o capítulo "Brasil" em 2014, no livro *Science in the World*, lançado pela Unesco em 2015. De novo, eu precisava de um parceiro para enfrentar o desafio e, uma vez que Brito não podia aceitar o convite naquele ano, chamei Renato Hyuda Pedrosa, professor da Unicamp, colega de trabalho na Fapesp e reconhecido especialista na ciência dos dados e na análise do ensino superior. Depois de Renato topar o desafio, pedi, novamente, a ajuda de Susan. As circunstâncias no Brasil em 2014 eram bem diferentes das que o país enfrentara em 2009. Assim, o tom do capítulo "Brasil", expressando preocupação pelo desenvolvimento da ciência e tecnologia no país, naquele ano, não podia ser o mesmo de cinco anos antes. Para complicar ainda mais a minha situação, depois de ter encaminhado a versão final à Unesco, fui convidado para presidir o CNPq. O Ministro da Ciência e Tecnologia, Aldo Rebelo, que me convidou, estava ciente do tom do capítulo, e, mesmo assim, insistiu para que eu aceitasse. Além das dificuldades que enfrentou no governo do PT para que meu nome fosse aceito, o ministério julgou que o capítulo sobre o Brasil, no lançamento do livro da Unesco, em 2015, não merecia o menor interesse do governo. Assim, naquele ano, não houve nenhum ato reconhecendo a importância do livro da Unesco ou de nosso trabalho.

Aparentemente, porém, na Unesco, o nosso trabalho não passou despercebido, pois em 2018 fui convidado, mais uma vez, para escrever na publicação o capítulo quinquenal sobre o Brasil. Outra vez, com a coautoria essencial de Renato Pedrosa, debruçamo-nos sobre os indicadores disponíveis. Desta vez, em plena era Bolsonaro, com um projeto ideológico perverso que incluía atacar a ciência e, especialmente, as universidades públicas, o tom do capítulo, respeitando todos os indicadores, só podia ser preocupante. É claro que o governo não deu a menor bola ao lançamento do capítulo. A representação da Unesco no Brasil, porém, organizou, no dia do lançamento mundial do Relatório, em junho de 2021, um fórum virtual do qual Renato e eu participamos[44].

Para ilustrar o conteúdo dos capítulos que, durante quinze anos, ajudei a escrever, adiciono algumas partes do conteúdo dos três relatórios[45]. Creio que estas versões podem despertar o interesse do leitor, pois descrevem, em parte, a evolução da ciência e da tecnologia no Brasil desde 2010:

BRASIL 2010[46]

O Brasil é o maior e mais populoso país da América Latina, com cerca de 190 milhões de habitantes. É também a nona economia do mundo em termos de poder de compra, e é uma economia emergente na cena mundial. Ainda que a recessão global provocada pela crise das hipotecas nos Estados Unidos em 2008 tenha diminuído os gastos empresariais em pesquisa e desenvolvimento (P&D), em 2009 não houve qualquer diminuição percetível no setor governamental. O impacto da recessão econômica global parece já ter passado no Brasil e espera-se que a economia tenha um crescimento de 7% em 2010. As

---

44 Unescoportuguese. *Webinar de lançamento do Relatório de Ciência da Unesco 2021*. https://www.youtube.com/live/7PsZekRj3yQ?si=8BBIH3iU194lXqSN. Publicado em: 11 jun. 2021. Acessado em: 9 dez. 2024.
45 Unesco. https://www.unesco.org/reports/science/2021/en/report-series. Acessado em: 9 dez. 2024.
46 Brito-Cruz CH, Chaimovich H. Brazil, Chapter 5. In: *Unesco SCIENCE REPORT 2010: The Current Status of Science in The World*. https://uis.unesco.org/sites/default/files/documents/unesco-science-report-2010-the-current-status-of-science-around-the-world-en.pdf. Publicado em 2010. Acessado em: 19 dez. 2024.

receitas fiscais estaduais e a federal estão em alta uma vez mais, juntamente com os gastos em P&D. Assim como outros países latino-americanos, o Brasil teve um forte crescimento econômico entre 2002 e 2008, em grande medida graças a um mercado global favorável de commodities. A eleição de um novo presidente, Luiz Inácio Lula da Silva (conhecido como Lula), diminuiu um pouco o embalo da economia durante o período de transição do governo federal em 2003, mas, em 2004, a economia brasileira embarcou naquilo que pareceu ser um caminho sustentável de crescimento econômico, com taxas de 4,7% ao ano em média. Paralelamente, tanto o setor de negócios quanto os governos federal e estaduais começaram a aumentar os gastos com P&D. Porém isso não chegou a refletir uma mudança de prioridades pelo governo federal, como mostrou a relação constante entre os gastos com P&D e a receita fiscal federal entre 2001 e 2008 (2,1%). Entre 2002 e 2008, a intensidade do gasto doméstico bruto em P&D (Gerd)[47] aumentou em apenas 10%, de 0,98% para 1,09% do PIB. No mesmo período, o PIB aumentou em nada menos que 27%, de R$2,4 trilhões para R$3,0 trilhões. Em outras palavras, a intensidade de P&D do Brasil progrediu mais lentamente do que a economia como um todo.

Quando presidiu a primeira reunião do Conselho de Ciência e Tecnologia em 2003, e na mensagem ao Congresso do mesmo ano, o Presidente Lula prometeu aumentar a relação Gerd/PIB para 2,0% até o final do seu primeiro mandato em 2006. Em 2007, quando os gastos em P&D estavam no patamar de 1,07% do PIB, o governo federal anunciou planos de aumentar a relação Gerd/PIB para 1,5% até 2010. Esse alvo é mencionado no Plano de Ação em Ciência, Tecnologia e Inovação para o Desenvolvimento Nacional, adotado em 2007. Graças ao crescimento econômico sustentado dos anos recentes, os US$23 bilhões gastos em P&D em 2008 são comparáveis

---

47 Gerd é a sigla em inglês para mensurar as despesas internas brutas em P&D, ou seja, em Pesquisa e Desenvolvimento.

aos níveis de investimento da Espanha (US$20 bilhões) e Itália (US$22 bilhões) em termos absolutos. Como veremos adiante, no entanto, o Brasil ainda está atrás de ambos os países em sua capacidade de traduzir os investimentos de P&D em resultados palpáveis. Uma característica marcante do Gerd no Brasil é que o setor público arca com a sua maior parte (55%), um fenômeno comum a quase todos os países em desenvolvimento. Aproximadamente três quartos dos cientistas continuam trabalhando no setor acadêmico. Os cientistas brasileiros publicaram 26.482 artigos científicos em periódicos indexados pelo Thomson Reuter's Science Citation Index em 2008, fazendo do país o 13º maior produtor de ciência do mundo. Mais de 90% desses artigos foram gerados em universidades públicas. Entretanto o setor empresarial também é dinâmico e tem desenvolvido, nos anos recentes, algumas indústrias de nível mundial. O Brasil é autossuficiente em petróleo e pode se orgulhar de ter desenvolvido os sistemas mais eficientes do mundo no cultivo de soja e na produção de etanol de cana-de-açúcar. O país fabrica aviões executivos a jato internacionalmente competitivos e os melhores carros flex do mundo. O setor empresarial também desenvolveu um sistema nacional de voto eletrônico capaz de totalizar mais de 100 milhões de votos no mesmo dia de uma eleição. A despeito dessas realizações, o setor empresarial brasileiro registrou apenas 103 patentes no Escritório de Patentes e Marcas Registradas dos Estados Unidos (USPTO) em 2009.

Nas próximas páginas, veremos o porquê disso. Ainda que os líderes empresariais tenham reconhecido há muito tempo a importância da geração de conhecimento para a promoção da competitividade, foi apenas nos dez últimos anos que políticas públicas efetivas foram implementadas para estimular a P&D industrial e no setor de serviços. Foi em 1999, após um longo período no qual o enfoque havia sido quase exclusivamente em pesquisa acadêmica, que uma política brasileira de ciência começou incluindo a P&D empresarial como um alvo cada vez mais relevante, não apenas para o uso do conhecimento, mas também para a sua produção. Isso foi seguido por uma série de marcos, começando com a criação dos primeiros fundos setoriais em 1999, passando pela validação de toda a estratégia em 2001, com a Segunda Conferência Nacional sobre Ciência, Tecnologia e Inovação, e culminando na Lei de Inovação, enviada ao Congresso em 2002 e aprovada em 2004. Em 2003, houve uma importante novidade com o anúncio da Política Industrial, Tecnológica e de Comércio Exterior (Pitce). A Pitce vinculou a política de inovação aos objetivos de exportação e estabeleceu áreas prioritárias para a ação governamental, a saber: semicondutores e microeletrônicos; softwares; bens de capital; produtos farmacêuticos e medicamentos; biotecnologia; nanotecnologia e biomassa. Quatro anos mais tarde, o governo federal anunciou o seu Plano de Ação em Ciência, Tecnologia e Inovação para o Desenvolvimento Nacional até 2010. O forte crescimento da economia tem conduzido ao investimento empresarial em P&D. No entanto, a despeito de um ambiente muito mais propício à P&D desde 2004, algumas barreiras continuam existindo. Elas incluem a dificuldade de acesso ao capital, em função das altas taxas de juros; os problemas de logística, que atrapalham as exportações; e um sistema educacional inadequado, que penaliza não apenas o desenvolvimento social, mas também a disponibilidade de trabalhadores qualificados para quase todas as colocações, especialmente as ligadas à engenharia. Ainda assim, a capacidade de CT&I do Brasil já avançou bastante desde a criação do Conselho Nacional de Desenvolvimento Científico e Tecnológico (CNPq) e de uma segunda agência federal, a Coordenação de Aperfeiçoamento de Pessoal de Nível Superior (Capes) na década de 1950, seguidos pela Fundação de Amparo à Pesquisa do Estado de São Paulo (Fapesp) em 1962. No início dos anos 1960, o estado de São Paulo também tomou a decisão de acelerar a pesquisa acadêmica com a criação do regime de tempo integral, a fim de permitir que os professores dedicassem mais tempo às atividades de pesquisa. A prática científica tem menos de um século no Brasil. Mesmo nos dias atuais, o desenvolvimento tende a se concentrar nas regiões Sul e Sudeste do país, onde se localizam as principais universidades: em São Paulo (USP, Unifesp, Unicamp, Unesp), Minas Gerais (UFMG), Rio Grande do Sul (UFRGS), Rio de Janeiro (UFRJ) — todas elas com apenas meio século de existência. Assim, o Brasil enfrenta três desafios principais. Em primeiro lugar, é preciso intensificar a P&D empresarial, a fim de estimular a inovação e a competitividade. Isso implica criar um ambiente propício à P&D empresarial incluindo a promoção de maior interação entre as comunidades de pesquisa públicas e empresariais. Em segundo lugar, o país precisa desenvolver e internacionalizar suas melhores universidades, tornando-as centros de excelência em nível mundial. Em terceiro lugar, o Brasil precisa disseminar a excelência científica além de São Paulo, Rio de Janeiro e outros grandes centros urbanos, rumo a regiões menos privilegiadas, como a Amazônia e o Nordeste. Nas próximas páginas, analisaremos a mudança na política governamental de CT&I desde 1999, de uma orientação quase exclusivamente direcionada à pesquisa acadêmica para uma política de fortalecimento do papel da P&D empresarial. Descreveremos as instituições que fazem parte do sistema de inovação do Brasil, seus padrões de demografia e investimento, que pendem fortemente para o lado do setor público. Em seguida, analisaremos a produtividade do Brasil em termos de publicações, patentes, produtos e balança comercial, antes de concluirmos com um estudo das tendências recentes de colaboração internacional, incluindo a emergência de novos parceiros. Deixaremos para o final a discussão sobre o atual ambiente de políticas públicas, uma vez que a maioria dos efeitos do Plano de Ação em Ciência, Tecnologia e Inovação para o Desenvolvimento Nacional ainda está para ser refletida nos dados.

BRASIL 2015[48]

Tendências da governança em CT&I: as instituições de pesquisa e universidades públicas do Brasil seguem regras rígidas que tendem a torná-las muito difíceis de administrar. Os estados podem optar por desenvolver seus próprios sistemas de institutos de pesquisa e universidades, porém, como todas as leis e regulamentos são adotados no nível federal, todos têm de seguir as mesmas regras e regulamentos. Assim, todos eles enfrentam os mesmos obstáculos. Estes incluem estruturas burocráticas, a obrigação de recrutar pessoal, acadêmico ou não, entre os funcionários públicos, planos de carreira e sistemas salariais análogos, fluxo irregular de fundos, procedimentos de licitação de contratos excessivamente complexos e poderosos sindicatos do serviço público. Uma alternativa estrutural foi desenvolvida em 1998, com a criação de organizações sociais. Essas entidades privadas sem fins lucrativos administram centros de pesquisa públicos sob contrato com agências federais. Elas têm autonomia para contratar (e demitir) pessoal e contratar serviços. No final dos anos 1990, à medida que as reformas econômicas se disseminaram, foi adotada legislação para estimular a P&D no setor privado. Indiscutivelmente, o marco mais importante foi a Lei Nacional de Inovação. Logo após sua aprovação, em 2006, o Ministério da Ciência, Tecnologia e Inovação publicou um Plano de Ação de Ciência, Tecnologia e Inovação, que estabelece quatro metas principais a serem alcançadas até 2010, conforme descrito no Relatório de Ciência da Unesco 2010:

> » aumento dos dispêndios brutos em P&D (sigla em inglês, Gerd) de 1,02% para 1,50% do PIB;

---

48 Pedrosa RHL, Chaimovich H. Brazil, Chapter 8. In: Unesco science report. *Towards 2030.* https://uis.unesco.org/sites/default/files/documents/unesco-science-report-towards-2030-part1.pdf. Publicado em 2015. Acessado em: 19 dez. 2024.

» aumento dos gastos das empresas em P&D de 0,51% para 0,65% do PIB;
» aumento do número de bolsas de estudos (todos os níveis) concedidas pelas duas agências federais, o Conselho Nacional de Pesquisa (CNPq) e da Coordenação de Aperfeiçoamento de Pessoal de Nível Superior (Capes), de 100 mil para 150 mil; e
» promover a CT&I para o desenvolvimento social, com o estabelecimento de 400 centros de ensino profissionalizante e 600 novos centros de ensino a distância, com a expansão da Olimpíada de Matemática para 21 milhões de participantes, e a concessão de 10 mil bolsas de estudo no nível secundário.

Em 2012, a Gerd ficou em 1,15% do PIB e os gastos das empresas com P&D, em 0,52% do PIB. Assim, nenhuma das metas foi alcançada. Quanto à meta relativa às bolsas para a educação terciária, o CNPq e a Capes alcançaram facilmente a meta para PhDs (31 mil até 2010 e 42 mil até 2013), mas não atingiram a meta para bolsas de ensino superior em geral (141 mil até 2010). A meta do Plano Nacional de Educação Superior 2005-2010 era de 16 mil PhDs até o final do período do plano. Uma vez que o número de PhDs concedidos ficou em 11.300 em 2010 e menos de 14 mil em 2013, esta meta também não foi alcançada, apesar de quase 42 mil bolsas federais de doutoramento terem sido concedidas em 2013.

Por outro lado, as metas relacionadas à promoção de uma cultura de ciência popular foram parcialmente atingidas.

Por exemplo, em 2010, mais de 19 milhões de estudantes participaram da Olimpíada Brasileira de Matemática das Escolas Públicas, mostrando um aumento a partir dos 14 milhões em 2006. No entanto, desde então, o número de participantes tem estagnado. Até 2011, parecia que as metas de aprendizagem a distância e ensino profissionalizante poderiam ser alcançadas, mas houve pouco progresso desde então.

A Quarta Conferência Nacional de Ciência e Tecnologia (2010) lançou as bases para o Plano Nacional de Educação Superior 2010-2015 e estabeleceu diretrizes direcionando a P&D para a redução das desigualdades regionais e sociais; explorar o capital natural do país de forma sustentável; aumentar o valor agregado das manufaturas e exportações através da inovação; e fortalecimento do papel internacional do Brasil.

As propostas apresentadas na Quarta Conferência de Ciência e Tecnologia foram apresentadas em um BlueBook que serviu de base para a elaboração das metas de um plano de quatro anos chamado Brasil Maior. O lançamento deste plano coincidiu com a chegada da administração de Dilma Rousseff, em janeiro de 2011. As metas do Brasil Maior para 2014 incluem:

» aumentar o nível de investimento em capital fixo de 19,5% em 2010 para 22,4% do PIB;
» aumentar o gasto das empresas em P&D de 0,57% em 2010 para 0,90% do PIB;
» aumentar a parcela da força de trabalho que tenha concluído o ensino secundário de 54% para 65%;
» aumentar a parcela das empresas intensivas em conhecimento de 30,1% para 31,5% do total;
» aumentar o número de pequenas e médias empresas (PMEs) inovadoras de 37 mil para 58 mil;
» diversificar as exportações e aumentar a participação do país no comércio mundial de 1,36% para 1,60%; e
» expandir o acesso à internet banda larga fixa de 14 milhões para 40 milhões de domicílios.

O único progresso tangível até agora diz respeito à última meta. Até dezembro de 2014, quase 24 milhões de domicílios (36,5%) tinham acesso à internet banda larga fixa. O investimento em capital fixo na verdade caiu para 17,2% do PIB (2014), o gasto das empresas caiu para 0,52% do PIB (2012) e a participação brasileira nas exportações mundiais recuou para 1,2% (2014); em paralelo, o Brasil caiu três posições, para 25º do mundo, no volume absoluto de exportações. O número de adultos jovens que concluem o ensino secundário não aumentou, tampouco o segmento aumentou sua participação no mercado de trabalho. Vamos examinar as razões para estas tendências nas páginas seguintes.

Outro programa que não tem nada a ver com o Brasil Maior tem atraído maior atenção por parte das autoridades e recebido uma generosa porção de fundos federais para a P&D. O Ciência sem Fronteiras foi lançado em 2011 com o objetivo de enviar 100 mil estudantes universitários ao exterior até o final de 2015.

BRASIL 2021[49]

Introdução — A desaceleração econômica prejudicou a inovação empresarial — Enfraquecimento dos elos entre políticas

Após um período relativamente longo de crescimento econômico e estabilidade política desde meados da década de 1990, em 2015 o Brasil entrou em recessão. Essa desaceleração econômica foi seguida por uma recuperação morna, com crescimento acumulado de apenas 3,8% no período 2017-2019.

Uma vez que a economia ainda se encontrava em recuperação em 2018-2019, é altamente provável que os gastos domésticos brutos com P&D (Gerd) diminuam ainda mais em 2020, mesmo que um PIB mais baixo possa aumentar a relação Gerd/PIB. Indicadores de pesquisa e desenvolvimento (P&D), tanto no governo quanto em setores empresariais, já estavam em baixa em 2017, o último ano em que foram disponibilizados dados. Desde 2014, a desaceleração econômica tem prejudicado a

---

49 Chaimovich H, Pedrosa, H. Brazil, Chapter 8. In: *Unesco science report*: *The race against time for smarter development.* https://unesdoc.unesco.org/ark:/48223/pf0000377433. Publicado em 2021. Acessado em: 19 dez. 2024.

capacidade de inovação do setor privado. Os dados divulgados em 2020 pelo Instituto Brasileiro de Geografia e Estatística (IBGE), logo após a sua Pesquisa de Inovação 2017, mostram uma queda acentuada dos gastos empresariais com pesquisa. Essa pesquisa engloba principalmente empresas públicas e privadas do setor de indústrias de transformação, assim como empresas nos setores de indústrias extrativas e serviços, desde que seu trabalho envolva tecnologia. Entre 2014 e 2017, aumentou o número de empresas no setor de transformação que relatam ter uma equipe interna de P&D, mas seus gastos internos diminuíram. No setor de serviços, a situação se inverteu.

Essa última tendência pode ser um reflexo da maior participação do setor de serviços na economia, que foi responsável por 74% do PIB em 2017, em relação a 68% do PIB em 2010. No geral, a participação da indústria caiu de 27% para 21% do PIB no mesmo período de oito anos; o subsetor de transformação não foi exceção, uma vez que sua participação no PIB caiu de 15% para 12% no mesmo período (IBGE, 2020). A pandemia da covid-19 mergulhou o Brasil em recessão mais uma vez, com uma previsão de contração do PIB entre 5,0% e 5,8% ao final de 2020, segundo projeções do Banco Central do Brasil (BCB, 2020) e do Fundo Monetário Internacional (IMF, 2020), respectivamente. Em 2020, ocorreu a queda simultânea de uma série de indicadores econômicos importantes, incluindo os relacionados a entradas de investimento estrangeiro direto (IED) e à relação dívida pública/PIB.

À época em que este artigo foi escrito, em meados de outubro de 2020, havia mais de 5,2 milhões de casos confirmados de covid-19 e 153 mil vidas já haviam sido perdidas, segundo o Johns Hopkins Coronavirus Resource Center; isso corresponde a uma taxa de mortalidade de 73 por 100 mil habitantes, a segunda maior do mundo em 19 de outubro. Discordâncias políticas sobre como conter a propagação da pandemia levaram à demissão de dois ministros da Saúde.

Ter um sistema de saúde eletrônico centralizado facilitou a adaptação dos serviços de saúde à pandemia.

O IBGE e a Secretaria de Governo, ministério diretamente vinculado à presidência da República, são corresponsáveis por produzir e administrar indicadores para monitorar o progresso em direção aos Objetivos de Desenvolvimento Sustentável (ODS) no Brasil até 2030. Porém, nem o IBGE nem a Secretaria de Governo tem qualquer responsabilidade por desenvolver políticas e programas relacionados aos ODS, que serão discutidos mais tarde. Em meados de 2020, o Ministério da Ciência, Tecnologia e Inovações publicou seu Plano Estratégico 2020-2030, que substitui a Estratégia Nacional de Ciência, Tecnologia e Inovação 2016-2022. Mesmo que o novo plano mencione o desenvolvimento sustentável como um objetivo abrangente, há poucas metas socioeconômicas incluídas no mapa de indicadores e metas afins, além de não elencar nenhuma meta ambiental. A Estratégia Nacional de Ciência, Tecnologia e Inovação 2016-2022 foi influenciada pela Agenda 2030 para o Desenvolvimento Sustentável. Ela abrange doze temas estratégicos, a saber: aeroespacial e defesa; água; alimentos; biomas e bioeconomia; ciências e tecnologias sociais; clima; economia e sociedade digital; energia; minerais estratégicos; nuclear; saúde; e tecnologias convergentes e habilitadoras. Em 2018, um esboço geral do projeto da Estratégia Nacional de Desenvolvimento Econômico e Social (Endes) foi compartilhado on-line para consulta pública. Muitos dos tópicos listados no documento derivaram diretamente da Agenda 2030 para o Desenvolvimento Sustentável. A partir de outubro de 2020, não houve nenhuma ação adicional sobre a Endes, e as páginas governamentais on-line dedicadas a esse documento foram retiradas do ar. Essas revisões abruptas da política e do planejamento da área de ciência, tecnologia e inovação (CT&I) são sintomas de um problema sistêmico no Brasil. A prática de fixar metas e objetivos elevados apenas para substituí-los por novos em alguns anos é um exercício inútil.

As políticas precisam de tempo para serem eficazes, uma vez que as partes atuantes necessitam de estabilidade de longo prazo para implementar mudanças reais.

Sua volatilidade é agravada pela ausência de disposições claras que obriguem os responsáveis por sua implementação a prestarem contas, ou de qualquer avaliação crítica sobre as razões pelas quais certos objetivos não foram alcançados, a fim de superar essas deficiências na elaboração de políticas futuras.

Eventos recentes também sugerem o enfraquecimento dos elos entre ciência e tecnologia, por um lado, e entre políticas e programas de inovação socioeconômica, por outro. Acredita-se que, até 2007, esses elos eram um dos pontos fortes do ecossistema brasileiro de inovação.

COMO SE DESENVOLVEU A COMUNIDADE CIENTÍFICA NO BRASIL

Muitas vezes discuti com meus alunos o lento percurso percorrido, pelo Brasil, para que o volume de produção científica atingisse um lugar razoável dentre os países que mais publicam artigos sobre descobertas, em revistas reconhecidas pela comunidade internacional dos cientistas. Consciente que estou do erro grave que se comete quando se identifica volume de produção de artigos com impacto científico das publicações, ainda assim, é ilustrativo mostrar como varia temporalmente a produção científica autóctone (isto é, com algum endereço brasileiro entre os autores). Para caracterizar esse percurso, escrevi, junto com Paulo Porto, um especialista em história da ciência, um artigo que, sinceramente, recomendo, pois, em poucas páginas, apresenta um relato da evolução da ciência no Brasil que creio interessante. Aqui incluo a conclusão, esperando que o leitor se interesse por ler o artigo completo[50].

> Crise, ciência e tecnologia parecem, hoje, estar indissoluvelmente ligadas. Parecem impossíveis reflexões e ações que dissociem a situação atual da riqueza do passado e permitam planejar um futuro distinto. Uma nota de cuidadoso otimismo nos leva a concluir esta análise.
> Os cientistas brasileiros conseguiram, especialmente desde as últimas décadas do século XX, ocupar espaço significativo dentre os maiores produtores de trabalhos científicos do mundo. Nas fontes de dados que registram os totais dos trabalhos por país, como Scimago, o Brasil passou a ocupar a décima quarta posição,

---

50 Chaimovich H, Porto PA. Duzentos anos de ciência no Brasil. *Revista USP*. 2022;(135):19-40. doi:10.11606/issn.2316-9036.i135p19-40.

tomando como referência o período 1996—2021, sendo que em 1996 ocupava a vigésima primeira posição. Na classificação que mostra as citações por trabalho publicado no mesmo intervalo, o Brasil somente alcança a posição 121 dentre os países que publicaram pelo menos mil trabalhos nesse período. Ainda considerando o intervalo entre 1996 e 2021, a contribuição científica do Brasil à literatura científica mundial foi de 2%.

A falta de relação entre as publicações e as patentes depositadas no exterior (indicador de inovação) reflete, claramente, a ausência de políticas públicas que estimulem, sem necessariamente financiar, a produção de bens que incorporem conhecimento. Como o Brasil continua sendo um país de enormes contrastes e contradições, o número de trabalhos científicos que têm, no endereço, universidades públicas e empresas privadas não para de crescer. O impacto desse esforço hercúleo e recente de dotar o Brasil de uma capacidade científica capaz de contribuir e acompanhar as fronteiras do conhecimento em todas as áreas do saber, embora limitado, se fez sentir também na sociedade. Nas universidades de pesquisa, a investigação científica permitiu a formação de gerações de novos investigadores, que, inicialmente, nuclearam grupos em várias partes do país e crescentemente alimentaram as descobertas em instituições públicas e empresas privadas.

O conhecimento produzido por pesquisadores brasileiros, em contato natural com seus pares no exterior, tem tamanho impacto social e econômico que é impossível, em poucas linhas, associar todas as descobertas com todos os impactos, especialmente desde o começo do século XX. Apesar disso, é conveniente mencionar, a título de exemplo, quase como listagem, os mais destacados. Começando pelas pesquisas de Vital Brazil (1865-1950) e Oswaldo Cruz (1872-1917), que conseguiram demonstrar a fonte e debelar os surtos de peste bubônica no Rio de Janeiro e em Santos, no começo do século XX. A demonstração feita por Vital Brazil da especificidade dos soros antiofídicos e a correlação com a imunologia salvou — e salva — vidas desde os primeiros anos do século XX. A pesquisa genética em aves, suínos e bovinos, que permitiu ao país se transformar em um dos mais importantes provedores de proteína animal do mundo. As já mencionadas contribuições de Johana Döbereiner (1924-2000) e outros, que fizeram do Brasil um dos maiores produtores mundiais de soja. A introdução do etanol como biocombustível e seu uso em larga escala. A produção de petróleo em águas profundas, com tecnologia pioneira desenvolvida pela Petrobras, não igualada até o momento por nenhuma outra empresa. O sistema de automação bancária e de votação eletrônica. A criação do SUS e as vacinas contra DPT[51], influenza, hepatites, raiva, dentre outras.

A incorporação e o desenvolvimento das tecnologias que permitiram a fabricação e a distribuição gratuita das vacinas pelo SUS tiveram dois motores essenciais: a pesquisa fundamental prévia e a capacidade de compra do governo federal. O impacto econômico e social da pesquisa e da formação de pessoal qualificado por meio dela é assunto internacionalmente conhecido, aceito e difícil de quantificar quando se trata de criação de conhecimentos básicos. O poder de compra do Estado, como motor da ciência fundamental, tecnologia e inovação, é bem conhecido e pouco usado no Brasil.

Neste início de terceira década do século XXI é possível observar a existência de dois projetos para o país. Desde a redemocratização — com intervalos especialmente agudos desde 2018 — vimos uma tentativa de tornar o Brasil mais inclusivo e soberano. Esse processo incluiu a expansão do ensino superior e do investimento em ciência e tecnologia, entendidos como elementos necessários para a melhoria da qualidade de vida de grande parcela da população e para a manutenção do desenvolvimento econômico. Ao mesmo tempo, o país buscava consolidar seu *soft power* no cenário internacional e se aproximou

---

51   DPT, vacina que protege contra difteria, tétano e pertussis (coqueluche ou tosse comprida).

de outros países interessados em um mundo multipolar. Nesse período, o Brasil experimentou relativa estabilidade e crescimento econômico, sem mudar significativamente a porcentagem do PIB destinada a P&D. O Brasil também conseguiu tímida redução da profunda desigualdade que sempre caracterizou sua população, exemplificada pela breve saída do país do Mapa da Fome da Organização das Nações Unidas para Alimentação e Agricultura (FAO) em 2014. Breve, pois, em 2019, a insegurança alimentar já retornara a índices alarmantes, vindo a piorar durante a pandemia de covid-19 iniciada em 2020.

A sensação de que, finalmente, as promessas do eterno "país do futuro" começavam a se concretizar, e que o futuro enfim chegara, durou pouco. A possibilidade de mudança da posição do Brasil na geopolítica e de redução da desigualdade social gerou reações externas e internas capazes de deter rapidamente o processo em curso. Outro projeto prevaleceu: a manutenção do país na condição de colônia exportadora de commodities. Nesse projeto de país, não há interesse em investir em universidades públicas, em pesquisa, em desenvolvimento científico e tecnológico. Além disso, o país tem se especializado em outra curiosa forma de exportação: investe recursos públicos na formação de cientistas em suas melhores universidades e os vê partirem para o exterior, em busca de oportunidades (que não encontram aqui) para exercerem sua profissão. Curiosa exportação, na qual a "mercadoria", após incorporar alto valor de conhecimento agregado, é enviada ao exterior em troca de... nada. A superação desse projeto nefasto deve incluir políticas de Estado duradouras, que catalisem o desenvolvimento industrial e a geração de empregos qualificados. A falta de investimento em inovação, bem como o reduzido uso do poder de compra do Estado para gerar produtos de ponta, dificulta ou mesmo bloqueia o crescimento das indústrias nacionais que inovem, e o fato de não serem grandes impede que invistam em pesquisa dentro do setor e permaneçam com baixa produtividade e pouco competitivas, constituindo, assim, um círculo vicioso. Apesar de o Brasil ter considerável produção científica — realizada, principalmente, em suas universidades —, precisa avançar mais na produção tecnológica, que depende do investimento das empresas.

Outro elemento que deve ser considerado, quando se pensa no futuro da ciência no Brasil e o seu impacto intelectual, social e econômico, é a letra da Constituição da República Federativa do Brasil que, no artigo 218, como fim maior declara: "O Estado promoverá e incentivará o desenvolvimento científico, a pesquisa, a capacitação científica e tecnológica e a inovação". Uma série de leis em vigor detalham pontos conceituais (por exemplo, a Lei n. 13.243/2016) e, portanto, deveriam ser implementadas. Apesar de esforços recentes para destruir o sistema brasileiro de ciência, tecnologia e inovação, e a dramática redução dos recursos para financiar a pesquisa em essencialmente todas as instituições do Estado, esse sistema continua existindo. Sua existência permite encarar o futuro com certo grau de otimismo comedido, pois, se o sistema tivesse sido destruído, o aumento de recursos seria insuficiente para recuperar a já deficiente estrutura de pesquisa no país. Países que transformaram suas economias e se tornaram exportadores com crescente diversificação e incorporação de conhecimento a seus produtos conseguiram, ao mesmo tempo, elevar o nível de vida da sua população, aumentando o nível educacional e limitando as distâncias sociais.

É evidente, pelos exemplos conhecidos, que, para esse caminho ser trilhado, uma política de Estado para CT&I deve estar associada a projetos estratégicos integrados que incluam educação e políticas industriais, bem como atitude empreendedora do Estado. A pesquisa no setor privado, associada à pesquisa no setor público, especialmente nas universidades e nos institutos de pesquisa, no Brasil, não deveria acompanhar somente o setor agropecuário, a bioenergia e a extração de petróleo e gás. A instalação de centros de pesquisa no setor industrial, permitindo o diálogo com instituições e empresas no Brasil e no exterior, é um passo fundamental para que a capacidade de produção de conhecimento e pessoal bem formado sejam, também, aproveitados nesse setor produtivo. O poder de compra do Estado já provou, no Brasil, como se induziu, por exemplo, nas vacinas, tecnologia nacional sustentada em produção de conhecimento. Pretendo contribuir com o debate sobre o desenvolvimento da ciência produzida sobre o Brasil e no Brasil, assim como de seus impactos e relevância para um desenvolvimento sustentável que permita eliminar (ou, ao menos, diminuir) as desigualdades da sociedade brasileira.

É claro que a produção de ciência no país experimentou avanço notável nas últimas décadas. É evidente, também, que a visibilidade média da produção científica brasileira cresce muito menos que o seu volume. Apesar desse descompasso, o conhecimento de fronteira produzido no Brasil foi incorporado em vários setores e teve inegáveis impactos sociais, econômicos e intelectuais.

REDE INTERAMERICANA DE ACADEMIAS DE CIÊNCIA

Lembro-me de um ano muito produtivo e especial para mim: 2022. Eleito como membro da diretoria da International Council of Scientific Unions (ICSU) em janeiro, diretor do Instituto de Química da USP logo depois e, como membro da diretoria da Academia Brasileira de Ciências (ABC), participei de uma reunião no departamento de ciências da Organização de Estados Americanos (OEA), seguida por uma Assembleia Geral do InterAcademy Panel (IAP). Destaco essa sequência, pois essas participações me estimularam a criar, com o indispensável apoio do Marcos Cortesão, da ABC, uma organização de academias de ciência do continente americano que, até hoje, é reconhecida e bem-sucedida.

Parte do meu estímulo para trabalhar pela criação de uma rede interamericana como a InterAmerican Network of Academies of Science (Ianas)[52] surgiu de uma discussão na OEA, onde não se podia aceitar a participação de Cuba em atividades da organização, pois o país tinha sido expulso em 1962. Como Cuba é parte do IAP, tive a oportunidade de conversar com a delegação cubana no Rio de Janeiro, onde surgiram oportunidades de colaboração científica que, claro, não poderiam ser concretizadas no marco institucional da OEA. Conversando com os presidentes das academias existentes no continente, ficou evidente que a organização proposta por mim era bem-vinda. Durante parte dos anos seguintes, trabalhamos na elaboração de um estatuto da Ianas, sempre em contato com todas as Academias.

Em agosto de 2004, com o apoio financeiro das Academias, OEA, Banco Interamericano de Desenvolvimento e IAP,

---

52 Disponível em: www.ianas.org. Acessado em: 9 dez. 2024.

organizamos uma reunião das Academias em Santiago do Chile, onde nossa proposta de estatuto foi aprovada e eu fui eleito como copresidente, juntamente com Howard Alper. Howard, na época, era, entre outras coisas, o presidente da Royal Society of Canada. Ocupei essa posição até 2010, pois o estatuto previa mandatos de três anos (renováveis somente uma vez). O sucesso da instituição Ianas e a execução bem-sucedida de seus programas são reconhecidos pelas organizações internacionais de ciência e tecnologia, incluindo, claro, as academias.

A capacidade de integrar esforços continentais para diagnosticar problemas, aconselhar governos, propor soluções e lançar programas aos quais os melhores cientistas do continente podem ser chamados a contribuir continua a ser o propósito da Ianas.

As reuniões do comitê executivo (CE) de Ianas ocorrem bianualmente para revisar o andamento e impacto dos programas, e tratar de todos os assuntos importantes para manter o ritmo de excelência da instituição. Uma característica de muitos cientistas no mundo, inclusive dos membros do CE é falar sobre Amazônia sem nunca ter conhecido a região, nem ter a mínima ideia da magnitude desse território e bioma.

A reunião de 2009 deveria ocorrer no Brasil e tivemos a ideia de fazê-la perto de Tefé, num alojamento em palafitas, a Pousada Uacari, na Reserva Mamirauá, a primeira Reserva de Desenvolvimento Sustentável (RDS) implantada no Brasil. Situa-se a, aproximadamente, 600 km de Manaus, na confluência entre os rios Solimões e Japurá. Chegar a Mamirauá implica pernoitar em Manaus, voar de manhã até Tefé e, a partir de lá, fazer um percurso de lancha de alguma horas. Para mim, o lugar é espetacular, sem sinal de celular ou TV e tendo um rádio como única comunicação com o mundo exterior. Foram dias incríveis, pois, além das reuniões do Comitê, incluímos passeios memoráveis pela mata e por rios intermináveis. Sem falar dos jacarés que, todos os dias, esperavam que o lixo fosse jogado ao rio. Tivemos a sorte de ninguém ter passado mal, pois, com a presença dos presidentes de Academias de Ciência do continente, alguns acompanhados pelas esposas, isso teria sido uma tragédia. Todos os estrangeiros, até hoje, descrevem essa experiência como única e entendem, agora, do que se fala quando se pronuncia a palavra Amazônia.

A experiência intelectual e emocional na Ianas, por tantos motivos, foi intensa. Liderar uma organização internacional, vê-la crescer e se firmar através do sucesso de seus programas, conduzir conflitos com pesos pesados e capacitar-se em cada contato foi um aprendizado ímpar.

UMA PALAVRA FINAL

Quando penso em minha vida, sou invadido por um sentimento de gratidão. Ao observar minha companheira, meus filhos, seus companheiros e as minhas netas, sinto, como um sopro que me invade, o meu privilégio.

Nestas palavras finais, lembro-me de livros, algumas músicas e raros poemas que, de certa forma, representam partes de mim. O título da autobiografia de Pablo Neruda *Confieso que he vivido* se aplica bem ao que sinto. Pelo muito que tento e pelo pouco impacto que consigo, aparece o livro de Albert Camus, *Le Mythe de Sisyphe*. Uma canção que, muitas vezes, representa a certeza de ter andado pelos caminhos que abri é *My Way*, letra em inglês de Paul Anka na versão de Frank Sinatra. E a poesia de Amado Nervo, *En paz*, na minha velhice, reafirma que me sinto responsável pelo feito e estou em paz com isso. Posso confessar que vivi, pois a riqueza das experiências, durante mais de oito décadas, foram diversas e intensas. A vida foi me oferecendo opções e caminhos, que trilhei intensamente, muitas vezes, com paixão, acompanhado por valores judaicos que incorporei, ao longo da minha infância e adolescência, sem me dar conta.

Da infância, ainda me recordo de etapas, algumas intensamente felizes, outras nem tanto; mas, ao olhar para essa época distante, posso entrever parte do que agora sou. A adolescência foi uma festa sem fim, da qual me lembro com a saudade que acompanha o envelhecer lúcido. Jovem, passei por capítulos que rememoro em partes deste texto.

Fazendo ciência e política, ao mesmo tempo, sempre me preocupei com o impacto do meu fazer. Tenho consciência de que as minhas descobertas foram incrementais, que a ciência que criei não revolucionou o mundo, mas os tijolos que fiz podem se incorporar ao monumental prédio do conhecimento, sempre em construção. Sinto-me orgulhoso, sim, das mulheres e dos homens que, sob a minha orientação, se formaram como mestres ou doutores; são pessoas criativas e que, de algum jeito, transmitem algo de mim. De forma similar, posso afirmar das minhas contribuições como executivo, no Brasil e no exterior.

O sonho de erguer este continente por meio da ciência, da tecnologia e do ensino é aquilo que me lembra, ao mesmo tempo, do esforço para erguer a rocha até o topo da montanha apenas para vê-la cair, e da esperança e determinação de jamais pensar que a tarefa é inútil ou impossível. A esperança que, muitas vezes, parece utópica me sustenta, a consciência de que não estou só alimenta a raiva que me estimula a seguir lutando.

Como cantor de chuveiro — às vezes, de karaokê —, costumo repetir algumas canções de cujas letras me lembro, pois me fazem sentir. *My way* é uma delas, pois, ao longo da canção, reafirmo as minhas forças e meus sucessos, mas também as dúvidas e fracassos. A minha resiliência, como diria Paulo Vanzolini (1924-2013), me permite, depois de cada queda, "dar a volta por cima".

Termino com uma reflexão que tem muito a ver com aquele poema do poeta mexicano Amado Nervo, *En paz*[53]. Este texto pode ser lido como despedida, mas eu prefiro outra leitura, por não ver estas palavras finais como despedida da vida. Em paz, comigo, ou profundamente agradecido por ter caminhado pelas trilhas da vida por tanto tempo. Plantei e compartilho o mel das flores que fotografo em meu jardim, mas reconheço que, certamente, também errei e colhi fel por isso.

Chego até aqui com a mesma esperança que sempre me sustentou. Adeus, caro leitor. Muito obrigado pela leitura.

---

53 Nervo A. *Poemas Selectos*. "Muy cerca de mi ocaso, yo te bendigo, Vida,/porque nunca me diste ni esperanza fallida/ni trabajos injustos, ni pena inmerecida./Porque veo al final de mi rudo camino/que yo fuí el arquiteto de mi propio destino;/que si extraje las mieles o la hiel de las cosas/fué porque en ellas puse hiel o mieles sabrosas:/ cuando planté rosales, coseché siempre rosas".

ÍNDICE ONOMÁSTICO

A
Albert Camus 187
Albert Einstein 158
Alberto A 112
Aldo 165
Allende 9, 31, 35, 36, 52, 102
Amado 5, 187, 188
Ana Maria 46
Araujo 93
Arellano 36

B
Bandeira 150
Bencovic 49
Berger 8, 32, 33, 36
Betim 46
Biagio 45
Bruice 49
Bunton 3, 48, 49

C
Camargo 63, 79
Carlos 8, 32, 33, 34, 35, 36, 37, 55, 104, 112, 124, 151, 164
Carmen 34, 35, 36, 37
Catalina 28
Cesar 103
Chaimovich 2, 7, 8, 9, 10, 11, 12, 13, 14, 26, 28, 29, 30, 33, 37, 43, 45, 46, 48, 49, 54, 59, 63, 84, 95, 138, 147, 151, 157, 166, 171, 174, 178

Cixin 155
Claudia 31, 45
Cohn 144, 145
Colli 75
Cori 3, 40, 42, 43, 49, 52, 53
Cortesão 184
Cruz 104, 151, 161, 164, 166, 179
Cuccovia 45, 46, 52, 60

D
Döbereiner 180
Donata 45
Dora 29, 30, 32

E
Einstein 158
Eliana 31
Espejo 41

F
Felipe 3, 45, 46, 47
Felix 41
Fendler 50
Figner 45
Frank 53, 187

G
Glenda 7, 117
Guralnik 29, 30, 31, 33, 45

H
Haim 144, 145

Haldane 133
Hamburger 70
Heidi 2
Hertz 34, 36, 37
Howard 185

I
Isaac 28, 30
Israel 41, 52, 53, 144, 159, 160

J
Jack 133
Jacques 81, 122, 151
Jaimovich 29
Janos H 50
Jorge 52, 102
José 2, 55, 75, 117, 121, 124
José Fernando 121

L
Lara 120
Lasker 123
Lelia 45
Leon 29, 30
Lewis 38
Lipmann 40
Liu 155

M
Manuel 150
Marcovitch 81, 122, 151
Marcus 52, 53
Mary 123
Mezarobba 7, 117
Midea 45, 46, 52, 60
Motta e Silva 127

N
Neruda 187
Nervo 5, 187, 188
Niemeyer 29
Nóbrega 46

O
Oscar 29, 120
Osvaldo 40, 42, 43, 49, 52, 53
Oswaldo 179

P
Pablo 187
Paulo 93
Pedrosa 165, 171, 174
Perez 104, 121
Pinochet 8, 32, 34, 36

R
Raw 62, 63, 86
Rebelo 165
Renato 45, 165, 166
Renato Hyuda 165
Romilio 41

S
Sala 120
Schneegans 164
Severo 40
Sinclair 38
Snow 136
Soeiro 45
Sonia 3, 29, 30, 31, 45
Srulevich 28
Strecker 2
Susan 164, 165

T
Timo-Iaria 103
Traverso-Cori 43, 52

V
Vanzolini 188
Verdugo 32
Victor 46

W
Walter 75
Westheimer 3, 50

Y
Yedy 41, 53

FONTE Minion Pro, Proxima Nova, Times New Roman
PAPEL Pólen Natural 80 g/m²
IMPRESSÃO Paym